The Ethics of Teaching
(Fifth Edition)

教学伦理

(第五版)

[美] 肯尼斯·A·斯特赖克（Kenneth A. Strike）
乔纳斯·F·索尔蒂斯（Jonas F. Soltis） 著
黄向阳 余秀兰 王丽佳 译

华东师范大学出版社

The Ethics of Teaching, 5th Edition

By Kenneth A. Strike and Jonas F. Soltis

Copyright © 2009 by Teachers College, Columbia University

First published by Teachers College Press, Teachers College, Columbia University, New York, New York, USA. All Rights Reserved.

CHINESE SIMPLIFIED language edition published by EAST CHINA NORMAL UNIVERSITY PRESS LTD., Copyright © 2018.

上海市版权局著作权合同登记　图字：09-2012-560号

目 录

译序 1

鸣谢 18
教育专业伦理规范 20

第1章 本书所论 1
  伦理探究的性质 6
  教例 11
  伦理学的两种思维方式 12
  结果论与利益最大化 13
  非结果论与尊重人 17
  伦理学说及其作用 20
  补充教例 24
    真相或结果 24
    电工 26
  进一步探究 28

第2章 惩罚与正当程序 30
  一则供思考的教例 30

争论	33
概念	34
分析	36
方法上的反思	39
补充教例	41
一个即将毕业的高中生	41
嘭！零容忍	43
进一步探究	45

第3章 心智自由   47

一则供思考的教例	47
争论	50
概念	51
分析	55
方法上的反思	60
补充教例	62
审查制度？	62
可能性的选择	65
进一步探究	67

第4章 机会均等与民主社会   69

两会故事：两个供思考的教例	69
教例1：荣誉代数	69
教例2：苏珊的三年级	71

争论	72
概念	75
分析	84
方法上的反思	93
补充教例	94
平等但隔离	94
全纳？	96
进一步探究	100

第5章 多样性：多元文化主义与宗教   102

两则供思考的教例	102
古陆与创世说	102
新港与伊洛魁人联盟	104
争论	106
概念和争端	108
激进多元主义	111
多样性的其他辩护	116
辩与驳	120
作为公民的人	126
一则补充教例	129
圣诞之争	129
进一步探究	131

第6章 民主、专业主义与正直从教   134

  一则供思考的教例   134

  反思均衡   137

  主权问题   143

  专业主义和正直从教   150

  伦理对话   153

  补充教例   158

    沉默不是金   158

    五段并不够   160

  进一步探究   162

第7章 结论与后记   164

  后记   166

第8章 补充教例研究   174

  教师倦怠   179

  谁的权利：学生的还是家长的？   182

  你付出多少就得到多少   184

  宣誓效忠   185

  师欤友欤？   187

  专业操守：两则教例   189

  上大学还是做劳工？   192

  价值澄清   194

  是虐待？还是疏忽？抑或不足为虑？   197

是友好扶持还是性骚扰？	199
评分政策	200
进一步探究	203

译序

遭遇《教学伦理》

我在华东师范大学攻读硕士学位期间,疯狂地迷上了分析哲学(或元教育学),陷在奥康纳(Daniel John O'Connor)、彼得斯(Richard S. Peters)、赫斯特((Paul H. Hirst)、谢弗勒(Israel Scheffle)、索尔蒂斯(Jonas F. Soltis)、布雷岑卡(Wolfgang Brezinka)等大师的名作之中,久久不能自拔。可实际上西方教育学分析哲学早在我出生的时候就已经式微。哲学家们手拿奥卡姆剪刀,把教育理论修理得满目疮痍,惨不忍睹。弄到最后,连他们自己都不好意思,只好悄悄地从教育学的语言分析和逻辑清理工作回归到对教育议题的思考上来[1]。一个典型的例证就是索尔蒂斯教授。1986年,此公应瞿葆奎先生之邀,为《华东师范大学学报(教育科学版)》撰写了一篇题为《论教学的品德与实践》的特约稿。作为国际知名的分析哲学家,他居然大谈起教学伦理与师德问题来[2],这实在是一种令人忍俊不禁的事件。

---

[1] 黄向阳:《"教育伦理学"问题研究》,陈桂生、范国睿、丁静主编:《教育理论的性质与研究取向》,华东师范大学出版社2006年版,第301—372页。
[2] 索尔蒂斯著,吴棠译:《论教学的品德与实践》,《华东师范大学学报(教育科学版)》1986年第3期。

一年之后的 1987 年 5 月索尔蒂斯造访华东师范大学。当时我就在华东师大教育系就读本科，却错失良机，未能一睹大师风采。幸好他把自己主编的一套新鲜出炉的师范教材《教育思索丛书》（哥伦比亚大学师范学院出版社 1985 年出版），作为礼物赠送给了华东师范大学教育资料中心。其中就有他和斯特赖克（Kenneth A. Strike）合著的《教学伦理》一书[1]。这是中国大陆首次遭遇《教学伦理》。可惜当时没人在意。这本书在华东师大教育资料中心静静地躺了 6 年，无人问津。直到我攻读硕士学位期间，受瞿葆奎先生之托，从事教育伦理学研究，才重新发现这部蒙尘已久的作品，进而注意到西方教育哲学家从分析哲学回归规范哲学的新动向。

1992 年出于做硕士学位论文研究的需要[2]，我和余秀兰在陈桂生先生的催促下，分别翻译了《教学伦理》的第一章和第二章。在完成硕士学位论文之后，我补译了全书其余部分。1997 年博士毕业后，我才知道 1992 年我们着手翻译《教学伦理》之际，这本书已经有新的版本[3]。我将第 2 版新增内容翻译出来，补充到第 1 版的译稿中，作为 2002 级华东师大教育学系研究生选修课"教育伦理学专题"的教材。我甚至把其中的第 2—3 章改造成了本科生"教育哲学"教材的一个部分，和未来的教师们探讨"教育程序的伦理原则"[4]。

在用《教学伦理》第 2 版作研究生教材时，我得知此书的第 3 版早在 1998 年就已经面世[5]。这真是一个令人尴尬的消息。最新修订版一到手，我就用它作为

---

[1] Kenneth A. Strike & Jonas F. Soltis, *The Ethics of Teaching*. Teachers College, Columbia University, 1985.
[2] 黄向阳：《教育伦理学辨——兼析教育问题的哲学效能》，华东师范大学 1994 届硕士学位论文，陈桂生教授指导；余秀兰：《关于两种教育伦理问题研究方式的考察》，华东师范大学 1994 届硕士学位论文，陈桂生教授指导。
[3] Kenneth A. Strike & Jonas F. Soltis, *The Ethics of Teaching*, 2nd Edition. Teachers College, Columbia University, 1992.
[4] 黄向阳：《教育哲学导论》，华东师范大学教育学系 1999 年内部印刷。
[5] Kenneth A. Strike & Jonas F. Soltis, *The Ethics of Teaching*, 3rd Edition. Teachers College, Columbia University, 1998.

2003级和2004硕士研究生选修课"教育伦理学专题"的教材,邀请所有参与此课程的研究生补译其中新增内容①。我对补充译文作了校译,还将整本书的内容进行本土化的改造(当时台湾也有类似的尝试),用于中小学教师在职培训,让接受师德教育的老师们感到耳目一新。

2004年此书有了第4版②,两年之后由朋友从香港带回一个本子。当时秦艳正在撰写有关教学程序原则的硕士学位论文,出于研究的需要,补译了新增的数个教例,并且对第5—8章译稿作了校译。我用这一版的《教学伦理》以及彼得斯的《伦理学与教育》③,作为2006级、2007级和2008级教育学原理专业教育伦理学方向博士学位课程"教育伦理学名著研读"的教材,引发了一批年轻学子对教育伦理的研究兴趣。

我后来得知,中国大陆早在2005年就有一家出版社出版了经人编译的《教学伦理》(第3版)④。2010年我应邀到香港中文大学参加博士学位论文答辩,在香港乐文书店淘到一本由台湾桂冠图书股份有限公司1999年组织翻译出版的《教学伦理》第3版⑤。仔细比较,两个译本除了有简体字和繁体字的差别之外,译文一致,其实是一个译本。再后来我又得知,教育科学出版社2007年组织翻译出版了《教学伦理》的第4版⑥。从此,斯特赖克和索尔蒂斯的《教学伦理》在中国教育界逐渐广为人知。有关它的书评和读书报告,以及根据它改造而成的师德培训方案,也不时地见诸网络。

---

① 参加补翻工作的有杨兰、刘雪莲、邓璐、汪泠淞、徐致礼、汤英华、邵雪玲、廖军和、蒯义峰、肖景蓉、曾庆芳、王晓莉、孙戍星、谢利娜、张燕、丁道勇、沈俊强、何丽敏、马欢、周晟、杨帆、高峰等。
② Kenneth A. Strike & Jonas F. Soltis, *The Ethics of Teaching*, 4th Edition. Teachers College, Columbia University, 2004.
③ Richard S. Peters, *Ethics and Education*. London: George Allen & Unwin Ltd, 1966.
④ 史特莱克、索提斯著,王庆钰编译:《教学伦理》,甘肃文化出版社2005年版。
⑤ 史特莱克、索提斯著,林延慧、张振华译:《教学伦理》,桂冠图书股份有限公司1999年版。
⑥ 斯特赖克、索尔蒂斯著,洪成文、张娜、黄欣译:《教学伦理》,教育科学出版社2007年版。

没有想到2009年《教学伦理》第5版①又出来了，且有重大修改，我不得不再作补译。华东师范大学出版社获得了此版中文翻译出版的授权，出版社彭呈军老师得知我像个发烧友追捧这本书，便邀请我来担任翻译工作。难过的是，译事即将竣工之际，横遭入室盗窃，笔记本电脑被盗，译文连同其他电子文稿全部丢失，不得不向以前的学生讨回旧版译稿，在此基础上重译最新版的《教学伦理》。感谢王丽佳和宋萍萍加盟，帮助我做了一部分补译工作，使这部译稿得以重生！也感谢彭呈军老师的信任、耐心和宽容，让我们尽可能完善译文，提升翻译质量！

一部改出来的师范教材

《教学伦理》其实是一部聚焦教师专业伦理的师范教材。哥伦比亚大学师范学院出版社出版的这部别具一格的师范教材，每隔五六年就修订一回。由于信息不畅，我一直被动地追踪、钻研和翻译《教学伦理》的最新版本。正因为如此，我对这部师范教材从初版到第5版的整个修订过程近乎了如指掌，在伴随它一起成长的同时，见证了它从一部构思新颖但结构不甚完整的教学伦理教材逐渐演变成一部成熟的享誉世界的经典教材的进化过程。

《教学伦理》第1版于1985年出版，全书分成3个主要部分：上编有导论的性质，在介绍这部教材思路的同时，探讨了伦理探究的独特性问题；中编是全书的主体，各以一章的篇幅讨论教学中涉及的惩罚与正当程序、智力自由以及同等对待

---

① Kenneth A. Strike & Jonas F. Soltis, *The Ethics of Teaching*, 5th Edition. Teachers College, Columbia University, 2009.

学生的伦理两难问题，还用一章进行总结，探讨道德推理或论证的客观性问题；下编则收纳了诸多尚待分析的原始材料，其中包括14个未加分析的伦理两难教例，

《教学伦理》1985年第1版目录

鸣谢	道德推理
给教员的提示	反对相对主义
教育专业伦理规范	结论

上编　伦理探究的性质

第1章　本书所论
　　伦理探究的性质
　　教例一则
　　伦理学的两种思维方式
　　结果论
　　非结果论

中编　教学的伦理两难问题

第2章　惩罚与正当程序
　　一则供思考的教例
　　初步的讨论
　　概念
　　分析
　　方法上的反思
第3章　智力自由
　　一则供思考的教例
　　概念
　　分析
　　方法上的反思
第4章　同等对待学生
　　一则供思考的教例
　　概念
　　分析
　　方法上的反思
第5章　反思均衡
　　客观道德推理的可能性

下编　教例与争论

第6章　教例研究
　　审查制度？
　　平等但隔离
　　评分政策
　　教师倦怠
　　谁的权利：学生还是家长？
　　你付出多少便得到多少
　　真理或结果
　　效忠誓言
　　语言加工：谁的作业？
　　师欤友欤？
　　一个即将毕业的高中生
　　职业操守：两则教例
　　上大学还是做劳工？
　　价值澄清
第7章　争论
　　社会再生产
　　个别差异与机会均等
　　教会与国家分离
　　惩罚
　　行为矫正
　　公平评分
　　性教育
　　价值观教学
　　伦理相对主义

参考文献

以及 9 场围绕教育伦理问题的争论的记录。

后来所出各版都不再分编呈现，但从初版中可以更加清晰地了解这部教材的设想，即重点以对教学中的伦理两难问题的探讨，来展现和检验伦理学一般的思维方法及道德推理的独特性，为教师架设一座桥梁，跨越理论与实践之间的鸿沟。特别是在第 2 章讨论学校惩罚中的正当程序问题时，呈现了一个比较完整的讨论框架：先给出一个包含伦理两难问题的教例，再展现一场围绕这个教例的争论，然后从争论中揭示其中涉及的核心伦理概念，进而分析结果论和非结果论在教例情境中对这个概念中思考，最后反思这两种伦理思维方法的特点。

不过，《教学伦理》初版的第 3 章和第 4 章在呈现了一个供人思考的教例之后，缺少"争论"这个环节。第 2 版弥补了这个缺陷，还将原来第 6 章中的 6 个未加分析的教例（《审查制度？》、《平等但隔离》、《评分政策》、《真理或结果》、《语言加工：谁的作业？》、《一个即将毕业的高中生》）移到前 4 章的最后，再新增 2 个未加分析的教例（《电工》和《可能性的选择》），使每一章各有两个与主题相关的"补充教例"。作者还提出了若干问题，方便读者就相关主题作进一步的思考和讨论。及至第 5 版，各章"补充教例"之后又增设"进一步探究"板块，向读者提供与本章主题相关的重要参考文献。经过 20 多年的摸索，4 次修订，到第 5 版，《教学伦理》终于形成了一个分析教学伦理两难问题的完整框架：教例→争论→概念→分析→方法上的反思→补充教例→进一步探究。

第 1 版的第 7 章"争论"到第 2 版被全部删除，其中有些内容被整合到前面各章之中。第 6 章的标题改为"补充教例研究"，除去前置到各章之下的教例，这一章还剩下 8 个教例。第 3 版新增两个教例，其中，《是虐待？还是疏忽？抑或不足为虑？》涉及教师怀疑学生可能遭到家长虐待时面临的伦理困境，《是友好扶持还是性骚扰？》则涉及男女教师之间的相处问题。第 4 版又新增一则教例《嘭！零容忍》,涉及教师发现学生携带枪支入校之后面临的伦理难题。这个教例在第5版又移到第2章作第二个"补充教例",取代了原来的《语言加工:谁的作业?》。主要是因为这个教例和第一个补充教例《一个即将毕业的高中生》都涉及对学生作业作弊的惩罚问题,选材有重复。换成学生携带枪械进校园的教例,就多了一个观察和分析学校惩罚问题的视角。

第1版第1章用一个涉及学业诚实的伦理两难教例,阐明这本书准备使用的两种经典的伦理思维方式——结果论和非结果论。为了避免学员对这两种伦理思维方式作形式的主义的理解,斯特赖克和索尔蒂斯在第2版对这个部分的内容进行了充实,强调并阐述了以功用主义为代表的结果论所立足的利益最大化原则,以及以康德义务伦理为代表的非结果论所立足的同等尊重人原则。

这是西方传统伦理——正义伦理——的两种经典思维方式。除之外,西方还有其他重要的伦理思想遗产,如亚里士多德的美德伦理、神学伦理以及杜威的教育哲学等。《教学伦理》面世的时候,西方世界除了古老的美德伦理再度复兴外,关怀伦理也方兴未艾。在检验和批判科尔伯格(Lawrence Kohlberg)正义取向的道德发展理论[①]过程中,吉利根(Carol Gilligan)发出不同的声音,认为在正义伦理之外别有洞天,关怀伦理可以弥补正义伦理的不足[②]。这种声音日趋强大,《教学伦理》的概念框架受到挑战。

斯特赖克和索尔蒂斯在《教学伦理》第2版第5章专门增加了一节"后记"应对挑战。作者通过对话的方式解释了这本书思考和讨论教学伦理问题时为什么在宗教上保持中立,也解释了这本书为什么只使用以功用主义为代表的结果论思

[①] Lawrence Kohlberg, *Essays on Moral Development*. Vol. 1: *The Philosophy of Moral Development: Moral Stages and the Idea of Justice*. Harper & Row, 1981.
[②] 吉利根著,肖巍译:《不同的声音——心理学理论与妇女发展》,中央编译出版社1999年版。

维，以及以康德为代表的非结果论思维，而没有顾及亚里士多德的美德伦理、杜威的教育哲学等西方重要思想遗产。此外，这场对话还涉及正义伦理与的关怀伦理之间的关系问题。

这篇非常开放的对话型"后记"反而刺激了读者在思考教学伦理时关注结果论和非结果论之外的伦理学范式。教学中以及反馈中，深受美德伦理和关怀伦理影响的学员和读者，对斯特赖克和索尔蒂斯的《教学伦理》提出了越来越多的挑战。斯特赖克和索尔蒂斯最后不得不在《教学伦理》第5版第1章中增加一节"伦理学说及其作用"，专门对美德伦理和关怀伦理的挑战作出明确的回应，为坚持正义伦理概念框架进行辩护：一方面应对美德伦理与关怀伦理的冲击，说明结果论与非结果论跟它们的关联；另一方面应对学员的质疑，说明结果论与非结果论两种思维方式在分析和处理教学伦理难题中的作用。

《教学伦理》第2版最重大的修改在第5章。初版强调反思均衡是处理教学实践中伦理难题的理性方法，第2版则视反思均衡为道德审议的一种方法，强调伦理对话也是道德审议的一种方法。所以，这一章的标题从原来的"反思均衡"改为"民主、审议与反思均衡"，内容也作了大量扩充。这一章从一位小学数学教师拒绝执行学区颁布的一套拔苗助长的数学课程指南的两难教例开始，引出伦理决策中的"反思均衡"问题、教师执教中的专业"主权问题"以及"伦理对话"问题。这一章以"结论"和"后记"收尾，但整个这一章看上去显得不像是总结性的内容了。所以到了第4版这一章被一分为二："结论"和"后记"部分另立为一章，名为"结论与后记"。剩下的部分为组成一章，标题改为"民主、专业主义与廉洁从教"，增加了"专业主义与廉洁从教"一节新内容，最后还新增了两个"补充教例"(《沉默不是金》及《五段并不够》)。

第3版的重大修改，是在原来的第4章之后新增一章，标题为"应对多样性"，结构跟前三章有所不同,包括"两则供思考的教例"、"争论"、"概念与争端"、"激进多元主义"、"多样性的其他辩护"、"辩与驳"、"作为公民的人"、"一则补充教例"等8节内容。第4版这一章增加了一个副标题,改为"应对多样性:多元文化主义与宗教"。第5版标题又简化为"多样性:多元文化主义与宗教",内容基本不变,但表述略有修改,还增加了"进一步探究"的参考文献。

第5版也有重大修改。前4版一直原封不动的第4章"同等对待学生",在最新版中更新为"机会均等与民主社会"。原来供人思考和讨论的一个有关分级阅读的两难教例,被两个更加美国化的教育公平事例所取代,其中一个涉及荣誉课程是否应该给予黑人学生特殊照顾的问题,一个涉及照顾残障学生所引发的课堂难题。由于教例替换,后面的"争论"、"概念"和"分析"部分几乎是全新的内容。这一章的第二个"补充教例"也被一个名为《全纳?》的新增教例所替换,原来的《评分政策》教例又移回最后一章。

综观5个版本,《教学伦理》在反复修订之中与时俱进。几乎所有的改进,特别是第3版新增的章节、第5版更新的章节以及各版新增的许多教例,全都聚焦在美国社会背景下独特的教学伦理难题上。目前这个最新的版本虽然编辑上有马虎之处,文字上偶有错漏,但从内容和结构上看,已经是相当完备了。

作为一部聚焦教育伦理的师范教材,《教学伦理》拥有现代大学教材必备的要素。

首先,它有别具一格的课文,分别探讨学业诚实、学校惩罚中的正当程序、心智自由、教育公平、多元文化、教师专业自主权所涉及的伦理难题。

其次,各章课文之后设有拓展性的情境练习,不但补充两则教例,还为之配置若干思考题,引导学员深入思考所提供的两难教例。

第三,每章的最后还为学员思考补充的教例提供参考资料,其中包括论文、著作、法院判例或相关内容的网上链接等。作者对每一条参考资料都作简要说明,方便读者在思考具体教例时找到实践依据和理论参考。

第四,教材最后一章还另外补充了十来个两难教例以及相应的思考题,以尽可能地涵盖前面各章没有涉及或没有深及的教育伦理难题,并就如何思考、分析这些伦理两难教例提出了详尽的程序性建议(详见本书第8章)。

第五,作者还鼓励学员根据自己的经历编写教例,以提升学员对教育实践的伦理敏感性,并在教材最后一章中就如何编写教例提出了周到的建议(详见本书第8章)。

斯特赖克和索尔蒂斯的《教学伦理》不仅仅是一部中规中矩的师范教材,还是一部别具一格的教育伦理教材。跟众多涉及教育伦理或教师职业道德的教材相比,斯特赖克和索尔蒂斯的《教学伦理》有若干鲜明的特点。

首先,它是一部聚焦教育问题的伦理思维教材。尽管它所涉及的全都是教育实践中真实的伦理难题,但它并不企图提供问题解决的处方。它的重点在于引导学员运用伦理学两种基本的思维方式(立足于利益最大化的结果论思维以及基于同等尊重的非结果论思维),去思考教育伦理难题,达成对结果论与非结果论、道德直觉与道德理论的反思均衡。这部教材与其说是在教人如何解决教育伦理难题,不如说是在教人如何思考教育伦理难题。

其次,它是一部教例研究的经典教材。思维方法是难以直接予以教授的,伦理思维尤其如此。这部教材以教例研究策略突破了这一教学难点。它的每一章都用一两个包含伦理两难问题的教例导入,接着描述一场围绕该教例针锋相对的论争,进而分析论争所涉及的伦理概念以及各大伦理学派对它的不同理解,最后考察围绕教例所含的伦理问题做决定时结果论思维和非结果论思维所起的作用。各章教例研究自始至终不给结论,但循序渐进地展示出对教例所含伦理问题的思考过程,让学员在阅读中不由自主地陷入深思,领悟到教育伦理难题的讨论框架和思维方式。

第三,它是一部实践联系理论的教材。这部教材从教育实践的问题情境出发,由表及里,逐步涉及相关的伦理概念(如学业诚实、正当程序、心智自由、机会均等和民主共同体等)以及运用不同思维方式(结果论与非结果论)围绕教例所涉概念进行的伦理思考,最后甚至探讨伦理判断的客观性问题,让学员从教育实践情境进入,自然地沉浸于其中所涉伦理问题的理论思考,在不知不觉之中跨越实践与理论的鸿沟。

《教学伦理》一出版就受到广泛的欢迎。《教育领导》(*Educational Leadership*)杂志认为:"无论对职前(应用)哲学课程,还是对有兴趣思考自身行动如何影响学生的自我认知及课堂实践的在职教师,这都是一份卓越的讨论指南。"《卡潘》(*Phi Delta Kappan*)杂志说"这部教材会吸引读者,促使他们去讨论一个晾了太久的教学维度",即人们长久未予关注的教学伦理维度。这部教材以由浅入深的教例研究方式,将通常比较沉重、艰深甚至晦涩的伦理思考变得引人入胜。《专业教育工作者》(*The Professional Educator*)杂志盛赞它"文字流畅,通俗易读……有助于积极的课堂讨论"。这种由浅入深的教材,立即就让正在从事或即将从事教育工作的学员沉浸在教育实践情境之中,在思考和讨论其中的伦理难题的过程中逐渐领会伦理思维的精髓。它不仅促进在职教师和未来教师对教学伦理的理性思考,也使阅读和使用过这本教材的教育工作者对教学中的伦理问题变得敏感。

即使如此,这部教材还是通过反复修改,一版再版,才逐渐变得完善起来,慢慢变成了教育伦理学一部经典教材,享誉全球,长盛不衰。《教学伦理》为大学教材开发提供了一个典范,如同萨缪尔森(Paul A. Samuelson)的《经济学》(2010年第19版)和阿伦森(Elliot Aronson)的《社会性动物》(2018年第12版)显示的那样,成熟的大学教材不可能一蹴而就。即使像索尔蒂斯、萨缪尔森、阿伦森这样的大师,也是在反复修改自己编写的教材。就大学教材建设而言,一个或一群教授的学科建设成就,与其看他们编写了多少部教材,不如看他们一部教材修订出版过几回。一部教材的生命力在于不断修订,没有修订的教材注定是短命的教材。

一部教出来的教育伦理名著

教材通常都是先编好再用以上课的,斯特赖克和索尔蒂斯《教学伦理》却不是这样。实际上,它是一部在教的过程中生成的教材,一部在教的过程中逐渐完善的教材。

这部教材的编写起因于1981年10月在哈斯廷中心(The Hasting Center)社会、伦理和生命科学研究所(Institute of Society, Ethics and Life Sciences)召开的美国"教育学院专业伦理"的会议。会后,斯特赖克和索尔蒂斯分别在康奈尔大学和哥伦比亚大学师范学院开设了"教学伦理"课程。他们事先商定了一个引导学生运用结果论和非结果论讨论教学伦理难题的课程框架,并且为此准备了一些供学生讨论的伦理两难教例。学生们不但在课堂上讨论教员所提供的两难教例,还在教员指导下撰写新的教例。这些都成了斯特赖克和索尔蒂斯编写《教学伦理》的基本素材。经过三年教学实践和课堂讨论,两位教授积累了大量的素材,才把它们加工成了一本正式出版的《教学伦理》教材。

这部教材初版最后一章中有9场围绕教育伦理问题的争论记录,那是根据课堂讨论整理加工出来的;这一章还有14个未加分析的伦理两难教例,其中多数都是学习这门课程的学生撰写的(见本书的"鸣谢")。此后《教学伦理》每出一个新版本,都会新增若干教例,这些自然也是教学过程中研制出来的。从第2版第3、4章新增的"争论"以及第5章新增的"后记",也可以看出这部教材许多内容取材于教学过程中的课堂讨论乃至课后的师生对话。各章"概念"部分和"分析"部分所呈现的那种意见纷呈、观念碰撞、针锋相对的热火朝天景象,显然再现了众多学生热情参与、踊跃发言的课堂情境。如果说这只是两个老学究闷在书房里憋出来的,那简直就难以置信了。作者再有想象力,也大不可能编撰出如此热闹的教材来。这种议论纷纷、不断交锋、激情四射的教材,只有亲身经历过类似课堂讨论并且对这类课程讨论作过细致研究的人才有可能写出来。所以说,这是一部教出来的教材。

这部教材既密切联系教育实际,又充满理论思辨。正因为它深厚的理论思辨,与其说它是一部师范教材,不如说它是一部教育伦理学论著,或者说是一部教育哲学著作。不过,《教学伦理》的理论路向又与一般的教育哲学或教育伦理学著作截然不同。

传统的教育哲学采取演绎论证,从一般的道德哲学原理出发,逐渐论及具体的教育情境。例如,彼得斯在《伦理学与教育》中用一章的篇幅探讨惩罚与纪律问题,分别从惩罚的含义、惩罚的辩护、惩罚的形式以及对特定罪错实施惩罚等四个方面检验各种惩罚理论。他的分析表明,报应论适用于惩罚的定义,惩戒论适用惩罚的辩护以及惩罚形式的确立,而改造论适用于针对具体罪错的惩罚实施,尤其适用于学校情境中的惩罚实施[1]。从中可以观察到,传统的教育哲学从一般原理演绎到具体教育情境的理论路向。

斯特赖克和索尔蒂斯在《教学伦理》中也用一章篇幅探讨惩罚问题,但他们在理论上反其道而行之。如前所述,他们用一个有争议的学校惩罚个案,引出其中涉及的伦理争端——正当程序问题;结合教例,分析结果论与非结果论对正当程序的看法,又把报应论、惩戒论、改造论的惩罚观卷入进来;纯正的结果论和非结果论得出的相关结论,有悖常人的道德直觉,最终引发对伦理思维性质的反思。

---

[1] Richard S. Peters, *Ethics and Education*. London: George Allen & Unwin Ltd, 1966, pp. 266-290.

这种从具体教育问题出发去呈现并检验一般道德哲学原理以及伦理思维方法的理论路向，令人耳目一新。读者读起来感觉深入浅出，引人入胜。但是，这种理论方式对作者的理论功底和表述功力却有极高要求，因而罕见于过往的教育理论史。

斯特赖克和索尔蒂斯在《教学伦理》的第一章开篇不久，就以十分轻松的口吻简要地介绍了他们建构的这种思考和探讨教育伦理问题的模式。两位教授可能都没有意识到，他们凭着这部著作，开创了一种新的教育理论模式。

第一步，教例。呈现一个或两个包含伦理两难问题的教育实例，譬如，有个学生向校刊投送了一篇文风生动且有见解的文章，但文中人物显然是以本校的真实人物为原型。如果把文章登载出来的话，整个学校都将知道这是在影射一位粗鲁的教师和一名无辜的女生。在这种情况下，作为校刊的教师顾问将面临一个伦理两难问题：是保障学生的表达自由，还是不让那名女生难堪？而这两条都是《全美教育协会教育伦理规范》所规定的教育者应尽的义务。

第二步，争论。就所提供的伦理两难教例描述一场假想的争论，以直观的形式展现该教例中的伦理争端。所描述的争论类似于学生宿舍或在教师休息室里人们意识到有些事情在道德上有毛病，并就伦理上成问题的内容争了起来。描述这么一场想象中围绕教例的争论，意在使学员感觉到争论的焦点。

第三步，概念。对争论中所涉及的核心或关键的伦理概念进行分析，呈现各大伦理学说在这个问题上的基本观点和论证方式，意在让学员理解各大伦理学派的思维方式。

第四步，分析。用立足于利益最大化的结果论观点，以及基于同等尊重的非结果论观点，向学员展示围绕教例所含的伦理难题进行思考和决策的方式。

第五步，反思。根据上面有关结果论和非结果思维的分析，反思伦理思维的本质。

第一步似乎是要解决某个教育实例中的伦理两难问题,实际上教例不过是下一步争论的素材;第二步似乎是要找到教育行动的理由,实际上只是为了引出下一步分析所需要的概念,以及再下一步描述所需要的辩护过程;第三步表面上像是在澄清两难教例所涉及的伦理概念,实际上是为了过渡到对伦理学两种基本思维方式的比较和分析;第四步表面上像是要在各种对立的伦理学说中找出人们对本教例的伦理两难问题意见分歧的原因,实际是为最终从一般意义上反思道德推理和伦理学的性质提供素材。最初讨论的还是教育情境中实际的伦理问题,但是,随着思考的重心转向伦理概念的分析、伦理原则辩护过程的描述以及伦理学一般特征的反思,讨论的性质已经悄悄地发生了变化。这是一个从教育伦理实践到教育伦理理论,从教育伦理学到元伦理学的演进路线,是一种把规范哲学与分析哲学融为一体的别具一格的理论方式[①]。

《教学伦理》不但在各章内部采取了由浅入深、层层推进的理论方式,各章之间也显示出理论上的推进路径。这本著作集中讨论了学校惩罚的正当程序问题(第2章)、学生的心智自由问题(第3章)、教育公平问题(第4章)。讨论按照上述五个步骤进行。由于讨论的落脚点并不在具体的教育伦理原则上,而在一般伦理学的性质和方法上,所以这三章的安排并不是平行的,而是层层推进的。

第2章通过对有关惩罚的正当程序的教例研究,揭示伦理断定既不同于事实断定(因为再多的事实依据也不足以作出任何道德决断),又不同于私人偏好(因为人们能够就伦理问题进行有意义的讨论和论证);就所提出的教例而言,结果论和非结果论所提出的辩护理由似乎都有一点道理,但都不充分;在惩罚问题上,人们运用道德直觉比运用道德理论更能作出合理的道德判断。这一章最终的分析

[①] 黄向阳:《"教育伦理学"问题研究》,陈桂生、范国睿、丁静主编:《教育理论的性质与研究取向》,华东师范大学出版社2006年版,第356页。

表明,道德直觉可以起到检验道德理论的作用。

第3章通过对有关心智自由的教例研究,发现人们在这个问题上的道德直觉无助于进行合理的道德决断,倒是结果论和非结果论各自从不同的角度为道德决断提供了可以接受的理由。这一章最终的检讨表明,道德理论和道德分析似乎又可以主动重构人们的道德直觉,甚至改变人们的道德直觉。

第4章通过对有关教育公平的教例研究,发现人们在这个问题上依据道德理论作出的决断与常人的道德直觉相一致,结果论和非结果论也得出了非常接近的结论。之所以能这样,是因为道德论证除了要有规范性前提之外,还要有事实性前提。在教育资源的公正分配问题上,结果论和非结果论立足的规范性前提虽然不同,但都基于相同的事实性前提,因此能得出相近的结论。规范性前提和事实性前提是一切理性的道德论证所必需的前提。道德理论本身虽然不能提供任何事实,但它们确实表明了道德判断与事实关联。这正是伦理学的客观性所在。

上述各章的结论贯穿着对道德理论与道德直觉关系以及道德理论中结果论思维与非结果论思维关系在教育情境中的考察,并且在考察和分析中层层推进。这些结论不但温和而耐心地启发读者不断深入地思考伦理学的特点和本质,也令读者感受到理论思考的魅力,以及教育研究与道德哲学的内在关联。这种用教育实例来展现和检验伦理学理论、方法的理论方式,正应了当年杜威(John Dewy)在《民主主义与教育》中所言,"哲学就是教育最一般方面的理论",而"教育乃是使哲学上的分歧具体化并受到检验的实验室"[①]。由于《教学伦理》总是从教育问题情境出发,并且始终围绕教育问题情境展开讨论,它明显比《民主主义与教育》更加突出了教育伦理研究的哲学效能。

[①] 杜威著,王承绪译:《民主主义与教育》,人民教育出版社1990年版,第346—347页。

教育学饱受争议。有人批评它没有理论水平,有人批评它脱离实际。有人反问纯正的理论怎么可能不脱离实际,有人反问切合实际的东西怎么可以苛求它有理论水平。读了斯特赖克和索尔蒂斯的《教学伦理》,诸如此类的批评和争辩可以消停了吧?!何不沿着这两位学者开辟的学术道路,多出产一些类似《教学伦理》的教育论著和师范教材呢?

黄向阳
2017 年 3 月

鸣谢

我们要感谢"哈斯廷中心社会、伦理和生命科学研究所",在1981年10月召开题为"教育学院专业伦理"的会议,将我们聚在一起,发动我们思考教学伦理。我们还得感谢许多学生来听我们的课,帮助我们开发和检验我们在"教育472号课程"(康奈尔大学)和"教育TF4680号课程"(哥伦比亚大学师范学院)中的方法和材料。一些学生相当慷慨,允许我们使用他们构建的教例,他们是兰迪·伯杰、蒂姆·考尼汉、安·玛丽·凯利、梅格·拉维妮、卡莱·迈尔泽、芭芭拉·雷诺兹、斯科特·史密斯以及史蒂夫·托波斯基。看到俄亥俄州道德协商项目开发的一些案例,我们也受益匪浅,为此感谢伯纳德·罗森、杰拉尔德·里根以及乔·安·弗雷伯格。万分特别的感谢献给安德鲁·亚历山大、保罗·格林以及蒂姆·考尼汉,他们担任研究助理,诸事操劳,包括查找资料、复制编辑成册、提供建议。蒂姆·考尼汉自始至终参与本项目,他还在师范学院的伦理课程担任助教,非常能干,他巧妙地设计和编辑出种种教例,其中有一些便出现在本书之中。乔·艾伦·托马斯和伯尼·奥尔兹准备书稿,提了一些非常好的问题,还提出有用的建议。很多人评阅过书稿,其中有巴利·布尔、斯科特·毕洛、玛撒·卡明斯、詹姆斯·高尔特、埃米尔·郝勒、约翰·戴克尔、查尔斯·拉夫、内奥米·马士加路也、玛格丽特·麦克凯斯兰德、卡莱·迈尔泽、戴维·孟克、乔治·波斯纳、弗恩·洛卡索、默里尔·史蒂文森、艾伯贝奇·泰得瑟、克雷格·索特尔、迈克尔·温斯托克。

我们还要感谢师范学院出版社前主任汤姆·罗泰尔和现主任卡罗尔·赛尔兹支持和鼓励《教育思索丛书》的出版,感谢前任执行编辑萨拉·比昂德罗鼓励我们出版了这本书的第二版,还促使师范学院出版社另外出版了一些有关伦理与教育的书籍。最后,我们感谢师范学院出版社的苏珊·里迪考特和彼得·齐格尔对这套丛书所有各版给予监督和管理。

(黄向阳　译)

教育专业伦理规范*

1975年全美教育协会代表大会通过

序言

教育工作者相信每一个人的价值和尊严,承认追求真理、献身卓越和培养民主节操极其重要。这些目标的根本在于保障学和教的自由,并确保所有的人享有平等的教育机会。教育工作者接受坚守最高伦理标准的责任。

教育工作者认识到教学过程固有责任之重大。渴望同事、学生、家长及社区成员的尊重和信任,勉力从事,以达到并保持最高程度的伦理品行。《教育专业伦理规范》表明全体教育工作者的抱负,并提供评判操行的标准。

对违反本规范任何条款的纠正措施,应仅由全美教育协会和/或其分会制定;本规范的任何条款,都不得以全国教育协会或其分会特别规定之外的任何形式强加推行。

原则一:对学生的承诺

教育工作者努力帮助每个学生实现其潜能,成为有价值又有效的社会成员。所以,教育工作者为激发探究之精神、知识和理解力之获得及有价值的目标之精心构想而工作。

---

* 重印自《全美教育协会手册(1979—1980)》(*NEA Handbook* 1979 - 80. Washington, DC: National Education Association). 经允许使用。——原注

在履行对学生的义务中,教育工作者——

1. 不得无故压制学生求学中的独立行动。

2. 不得无故阻止学生接触各种不同的观点。

3. 不得故意隐瞒或歪曲与学生进步有关的材料。

4. 必须作出合理的努力,以保护学生免受对于学习或者健康和安全有害之环境的影响。

5. 不得有意为难或者贬低学生。

6. 不得根据种族、肤色、信条、性别、出身国、婚姻状况、政治或宗教信仰、家庭、社会或文化背景或者性别取向,不公平地:

(1) 排斥任何学生参与任何课程;

(2) 剥夺任何学生的任何利益;

(3) 给予任何学生以任何便利。

7. 不得利用与学生的专业关系谋取私利。

8. 如非出于令人信服的专业目的或者出于法律的要求,不得泄漏专业服务过程中获得的关于学生的信息。

原则二:对本专业的承诺

公众赋予教育专业以信赖和责任,以冀其怀有专业服务的最高理想。

教育专业的服务质量直接影响国家和国民,基于这种信念,教育工作者必须竭尽全力提高专业标准,促进鼓励运用专业判断力的风气,争取条件以吸引值得信赖者步入教育生涯,并且帮助阻止不合格者从事教育专业。

在履行对本专业的义务时,教育工作者——

1. 不得在申请某一专业职位时故意作虚假的陈述或者隐瞒与能力和资格有

关的重要事实。

2. 不得出具不符事实的专业资格证明。

3. 不得帮助明知在品格、教育或其他有关品质上不合格者进入本专业。

4. 不得在有关某一专业职位候选人的资格的陈述上故意弄虚作假。

5. 不得在未经准许的教学实践中帮助非教育工作者。

6. 如非出于令人信服的专业目的或者出于法律的要求,不得泄露专业服务过程中获得的关于同事的信息。

7. 不得故意作有关同事的虚假的或恶意的陈述。

8. 不得接受任何可能损害或影响专业决定或行动的赠馈、礼品或恩惠。

(黄向阳　译)

第1章

本书的所论

这是一本探讨教学伦理的书。也许你早就知道教育工作者有一套伦理规范。事实上,本书开头呈现的就是全美教育协会颁布的《教育专业伦理规范》。但是,我们关注的与其说是让你学习这套规范,不如说是促使你去思考伦理学,并且自己教育自己。伦理思考和做决定不仅仅是遵守这些规则。

为了使你头脑里有一个正确的框架,并了解本书所论,让我们先来想象校园里一种十分普遍的情境。阅读下文时,试着把你自己当作这位年轻的初任教员,并问一问自己,如果你是她,你会怎么办。

辛西娅·艾伦是英语系的新教员,年纪并不比自己的学生大多少。她承担了"文学导论"与"作文"这两门必修课的教学任务。她满怀激情,长时间精心备课。可是,就像许多初任教师那样,她很快体会到,光靠热情、辛勤工作和精心计划,并不足以保证教学成功。有些学生很机灵,在班上表现也很好。她心想,无论谁来教这门课,他们都会表现得一样出色。可是,另外一些学生似乎并没有学会她煞费苦心教给他们的东西。他们功课平平,或者更差,他们坐在教室里,少言寡语。她不知道,这些学生到底是迷惘,还是厌倦,或是听不懂她教的内容,但她知道,这群学生中的任何进步都会使她十分开心,那预示着她初为人师的成功——如果只有她能够影响他们的话。

课程要求交4篇短文和1篇期末论文。辛西娅认为这是一种公平的评价制度,因为,学生要是初稿写得不好的话,这套制度容许学生修改。期末论文定于最后一堂课交,所有学生都必须交。同回家过暑假的学生道别之后,辛西娅开始阅卷,计算这门课的等第分,这些等第分要在48小时之内交到注册处。

批阅第一份论文,她就大吃一惊:亨利,这个学院篮球队举足轻重的新队员,在作业中显示出令人刮目相看的进步。辛西娅发现,这个学期他成了一名认真学习的学生,但平日里的训练和巡回比赛,使得他很难跟上正常的学习进度。他之前的等第分是丁、丁+、丙-、丙,她知道,为了确保参加院际比赛的资格,保住奖学金,亨利必须保持平均等第分为丙。她非常关注地批阅着他的期末论文,很快心生惊喜,这显然是一份得甲等的论文!

事实上,这篇论文太出色了,以至于辛西娅为了明智地评判它,不得不去查看一本有关该论题的标准参考书。这又给她一个意外,她发现,亨利的论文多是直接从这本书中抄下来的。这分明是一起抄袭事件。

辛西娅感到伤心、愤怒和失败之余,还意识到自己对学院有一种义务。对学术不诚实之规定清清楚楚:

> 对于学术不诚实之案件,一经查实,该课成绩以戊等论处。不得制定任何条文撤销对该生的处罚。本院指认学生学术不诚实的工作人员,要以书面形式通知学生本人、学生的系主任及工作人员所在部门的主要负责人。该通知要归入系主任有关该生的正式档案之中,但不得外传。

处罚舞弊行为的规定非常清楚,但辛西娅有些迟疑不决。她不能确定,在这起事件中,如此严厉的措施是否恰当,或者说,如此严厉的措施能否达到期望的教育目标。遵守正常的程序，似乎会导致非常严厉的处罚。舞弊事件如果上报，并且证明确有其事，亨利就会失去奖学金，甚至可能离开学校；还有，篮球队在即将进行的联赛期间将失去一名有价值的队员。一个戊等对于别的学生也许不是什么负担，对于亨利却是一场灾难。你要是辛西娅，会怎么办呢？

停一下，想一想这种尴尬的处境。如果可能的话，同你的室友或同班讨论一下。如果你花些时间思考和讨论这种处境，马上就会清楚，一些伦理原则和价值在此有待议决：学生和教员方面的诚实与不诚实；对学校的义务——作为学校中的一员，不管是学生，还是工作人员，都得同意遵守校规；关心学生的福利，并且承认学生是人，有课堂之外的生活，还有未来，教师对此能够产生不可估量影响。

其中若干争议和选项有待拆解。全美教育协会的规范似乎没有多大帮助，因为它缺少涵盖这种情境的清晰规则。很显然，看来要采取这么一种立场——教师应当以学生的福利作为自己的主要关切，据此对学生采取行动。可规范又要求教师行事诚实，并在专业事务上保持正直。通常大家都会同意诚实和学生福利都是重要的价值，可是，如果这两种价值就像在这起事件中那样发生了冲突，那么，无论向规范请教，还是在价值观上达成一致，对于做出一个决定来说都于事无补，对于更为艰难的伦理思考也是如此——而这本书正是要帮助你理解伦理思维的方式。

如果辛西娅因为觉得在这起事件上惩罚太重而不给亨利打不及格，也不告发他，那么，她在考虑时更注重的是自身行为的有害后果，而非自己必须遵守校规的义务。本书中，我们把这样的伦理思维称作"结果论"思维。而如果她非常严肃地看待自己的个人诚实感和专业义务，以维持和执行学校对大家一视同仁的学术规范，她就会作出一种"非结果论"的决定。对于非结果论者来说，责任、义务和原则是比后果更为重要的考虑对象。

通过使用类似的教例研究,我们将探讨与惩罚、智力自由和同等对待学生等有关的伦理难题。阅读时,你要运用自己的想象力,设想自己处在教师的角色。然后,你要自己进行一些艰难的伦理思考。你也要试着想象自己就是这些教例中的学生。有的时候,从情境中不同人的观点出发,伦理思考会显得不一样。上述教例中,试想你就是亨利,是一个有天赋的少数民族学生,有个沉疴缠身的母亲,她认为他一生有所作为的唯一机会就是成为一名职业篮球选手。是留在学校实现职业选手的梦想,还是回到贫民区,一辈子干体力活,或者长期失业——这对于亨利来说是一件大事。你怎么赡养你那患糖尿病的寡母呢?你期末论文前的平均等第分是丙+或丁-。你得取得一个高分,从而把平均分数提高到能使你留在学校打篮球。你明白把资料当成自己的作业不对,但你一直在进步,并且到目前为止都是老老实实地通过这门课的。你该怎么办?

使用教例研究,有助于把你置于一种思考气氛之中。本书中,我们将广泛地使用教例研究,展示各种伦理学说和伦理思维方式,并向你和你的同学呈现各种教例,以便掌握它们。第 2—4 章的教例研究将提供一个背景,使大家理解伦理学家们思考惩罚、自由、平等等争端的一些主要方式。我们还将在第 5 章和第 6 章探讨与民主和文化多样性相关的伦理争端。

各章将沿用一种简单的模式。设计这种模式,是为了激活你思维,挑战你的思维。首先,会有一个"教例",类似本章辛西娅·艾伦的教例,该教例提出伦理两难问题。接着,会有一场想象的"争论",以直观的形式展现该教例中的伦理争端。争论类似于在学生宿舍或在教师休息室里,人们意识到有些事情在道德上有毛病,并就伦理上成问题的内容争了起来。这将使你感觉到到底在争论什么。然后是一场与该两难问题有关的伦理"概念"讨论,它给你机会去观察各大伦理学说是怎么阐明该争端的。这些学说不仅探讨何为对、何为错,而且探讨我们是怎样决断对错的。理解各主要伦理学家的思维,将有助于你看到向你(作为一个伦理学家)开放的种种选项。接下来的一个部分叫"分析",我们将用结果论和非结果论的观点,以及尊重人和利益最大化的原则,为你展示进行思考和作出决断会是什么样子。我们还将反思伦理思维的本质。最后,在每一章的结尾及本书的最后一部分,我们将为课堂讨论提供补充的教例研究。

但在我们开始教例研究之前,重要的是使你意识到本书还研究另一个论题,该论题对于思考当代专业伦理学和普通伦理学至关重要。大多数人可能会同意,教师应当以合乎伦理的方式行事。也许有许多人可能会非常严肃地怀疑有关伦理行为的问题能否得到客观解答。也许你就是其中一员,你或许会说:"伦理问题难道真不是个人价值问题或者是某人所属群体的价值问题吗?""人类事务中真有客观的对错吗?""难道它不正好归结为一个人所相信的对错吗?""一个人试图把自己的价值观强加于人难道不是错了吗?"

我们知道主观主义和相对主义是严肃的当代关切。你该干这干那,因为它是你要做的正确的事情——这种断言对现代人来说偏狭而教条。别人的意见凭什么要比你的意见好?没有相对主义我们能宽容吗?没有确定性我们能客观吗?这都是一些令人不安却是重要的考虑——今天没有什么严肃的伦理讨论是可以避免的了。

所以,我们相信,如果我们要成功地使你有效地思考专业伦理的话,我们将不得不说服你,对伦理问题可以客观地讨论,对采取的行动方针可以从道德上辩护。接下来我们试图做的正是这些,但最终你必须是裁判。我们相信,一种超越个人信仰和价值观的理性伦理思维,对于专业伦理和所有社会成员的道德教育,都是必不可少的。伦理不但是私人题材,也是公共题材。如果我们对的话,那么,似乎就可以推出这样的结论:教师有一种特殊义务,帮助自己的学生看到并分享伦理思考潜在的客观性和合理性,这样我们大家就可以一起过道德上负责任的生活。这也是本书所要说的内容。

伦理探究的性质

全美教育协会的伦理规范含有下列陈述:"教育工作者……不得故意隐瞒或歪曲与学生进步有关的材料。"我们大家可能都相信这一陈述。那么,撒谎或欺骗学生,肯定是错的。当然,有人可能会狡辩地说:它永远是错的吗?我们怎么决断什么情况下发生了有意的歪曲呢?可是,不管他们怎么狡辩,我们猜想很少有人会为欺骗学生的一般长处辩护。

我们还猜想,大家可以在这一陈述的另一个断定上达成一致。它是一个伦理陈述。它不是对世界是什么样子的描述,而是告诉我们,我们应当做什么。

对全美教育协会规范的这条陈述的观察引出了两个问题:其一,是什么使得该断定成为伦理断定?其二,我们怎么知道该断定为真?让我们从第一个问题开始。

是什么使得一个断定成为伦理断定?为了回答这个问题,我们需要了解伦理学讲什么东西。一些显而易见的事情跃入脑海。伦理学涉及何种行动是对是错,何种生活是美好的生活,或者,什么人是好人。这一切看来够清楚的了。然而,如果我们能把伦理断定与另外两类断言区分开来,我们的思考会更进一步。

伦理断定首先需要与事实断定区别开来。事实告诉我们世上的某些事情。事实断定在描述。如果世界如事实断定所说的那样,事实断定即为真,否则为假。"世界是圆的",此断定为真,因为世界确实是圆的;而"世界是平的",此断言为假,因为世界是圆的。何为对和何为错的断定似乎并不这样去描述。它们并不因为正确地描述了世界的某个部分而为真。它们并不告诉我们世界是怎么样的,而告诉我们世界应当是怎么样的。因此,它们在规定,而不在描述。一旦某人以不同于人们应当如何行事的方式行事,就违反了某一伦理标准,但该伦理标准并不因为世界不同于它规定的样子而变成假。人们有时撒谎或偷窃,这证明不了为人诚实的义务是假的。

因为,道德断定不是事实,这并不意味着它们不可能为真或假,只意味着道德断定不能同事实一样为真或为假。我们不能通过审视伦理断定是否与世界相一致,来决定伦理断定是真还是假。我们如何决定它们是真还是假,这是后话。

把伦理断定与表扬或偏好区别开来,也是重要的。这样做的需要也许不明显。我们中大多数人习惯于把伦理判断、表扬、偏好认作是"价值观",可是有个例子可以说明为什么把伦理断定与其他两种"价值观"区别开来是有益的。假定我有个朋友,他是个出众的滑雪选手。一天,当我看着他沿着陡坡飞滑而下时,赞叹道:"喔唷,他是个滑雪好手。"现在想一想,如果把这种赞叹当作是对他人品的评论,就好比是我说,"喔唷,他是个好人。"那会多么地奇怪啊!"好"是一个一般的表扬词。有时我们从伦理的意义上使用它。当我们想表扬某种行动的正当性,或者表扬某人的道德品质时,就是在伦理意义上使用它。譬如,我们可能会把十分善良或舍己为人的人描述为好人。但我们也可以用"好"去说某人在某事上出众,即便我们发现这种活动在道义上应受谴责。"他是个盗窃好手"告诉我们,某人擅长于某种形式的偷窃,而不是我们赞同偷窃,或者认为偷窃在道德上可以接受。

有一类价值判断,将它与伦理断定区别开来尤其重要。这就是关于我们喜欢或想要什么(或者我们应当喜欢或想要什么)的判断,这些判断涉及偏好。这里也有些例子说明关于偏好的判断全然不同于伦理判断。例如,把某人喜欢冰淇淋的断定,当作与冰淇淋道德有关的断定,是荒谬的。相反,人们倒是很可能发现,做正当的事倒令人生厌或使人不快。

我们相信自己有付所得税的道德义务,但不高兴付大量的所得税。我们相信自己有给学生公正评分的道德义务,也就是说,给学生应得的分数,但我们宁愿给他们全得甲等。所以,道德判断并非关于偏好或口味的陈述。

道德判断是何种类型的判断? 从根本上说,它们是义务陈述。道德判断告诉我们应当做什么以及不应当做什么,告诉我们责任之所在。我们一直坚持认为,伦理断定并不只是关于我们喜欢、赞许或判定为出众或有能耐的行为类型的陈述。我们认为,把伦理判断归入价值判断的一般类型,进而对所有的价值判断一视同仁,这种倾向正是伦理学诸多混乱的根源。人们往往假定价值判断是主观的东西,实际上,人们经常认为它们完全是自由选择的事情,进而假定把自己的价值观强加于人是错误的。这些观点并不总为真。

有关主观性和自由选择之类的思想往往是偏好之真。认定喜欢橄榄为对,喜欢泡菜为错,确实荒谬。对此,无所谓对错。此外,一个喜爱橄榄的人打算迫使另一个人分享其口味,定然违背个人权利。另一方面,把该不该为人诚实的问题当作该不该喜欢橄榄的问题,同样荒谬。告诉某个觉得没有诚实义务的人,诚实是一种义务,这样做是大有意义的。而且,厉行诚实以反对不诚实的人,常常是合理的。

这一切都是为了说明,我们不必为价值标签所迷惑,以为所有价值判断都是随心所欲的,无所谓对错。那可能证明为真,或者为假。我们也许不能表明所有道德价值都能得到辩护,但我们不能一开始就因为把道德判断与偏好混为一谈,而不加批判地假定它们不可辩护。

对伦理判断的客观性表示怀疑,可能还有其他一些很好的理由。苏格兰哲学家大卫·休谟(1711—1776)提供过一种强有力的论证[①]。有时人们称之为"从实然到应然"的谬误。休谟注意到,有效论证有一种饶有趣味的特性。有效论证的结论中出现的所有项,都包含在该论证的前提之中。从下面标准教科书式的论证

[①] David Hume, *An Inquiry Concerning Human Understanding*. New York: Liberal Arts Press, 1957.

中，可以看到这种情况：

> 所有的人都会死。
> 苏格拉底是人。
> 所以，苏格拉底会死。

若对该论证稍加改变，我们可以得出不从该论证的前提中推出的结论（即使结论可能为真）。思考一下：

> 所有的人都会死。
> 苏格拉底会死。
> 所以，苏格拉底的狗会死。

若非在论证的前提中提到过苏格拉底的狗，我们不可能得出关于这条狗的有效结论。毕竟，有效的论证告诉我们从前提中推出来的结论是什么，而且只有开始就有东西才能推出来。休谟注意到这点，于是就指出，任何只包含事实性前提的论证，都不可能有效地得出我们应当做什么的结论。因为，任何这样的论证在结论中都有前提中所没有的某种新观念——义务观念。根据休谟的观点，从"实然"的前提中不可能得出"应然"的结论。

我们需要弄清楚休谟论证得出的结论。休谟的论证并不表明伦理知识不可行，它所表明的是，伦理知识不能完全以事实知识为基础。可是，还有什么别的类型的知识吗？

一些哲学家据此得出结论，说伦理论证只有从初始的伦理假设出发才可行。我们一旦承认某些伦理假设，就可以用事实进行推理，得出其他伦理结论。例如，要是我们从使人痛苦是不对的这一假设出发，就可以用羞辱使人痛苦这一事实断定进行推理，得出羞辱人是不对的这一结论。然而，所有的伦理论证都从某个专断的和不可证明的假设出发。要是有个人（如虐待狂）不同意我们的初始假设，我们就不用进一步说下去了。对出发点进行论证是不可行的。

这看起来极不尽如人意。我们的伦理结论会比前提更好吗？我们的结论难道不是同我们的初始假设一样武断吗？这种立场似乎把我们引向了绝对的怀疑论。我们不可能真正理解伦理学上的任何一种东西。我们只有在基本假设上同别人始终一致，才能与他们审议什么是对的和什么是错的。也许伦理判断根本就件是私人偏好之事。

在我们立刻就要向这种观点投降之前，应当想一想从这种观点得出的东西。扪心自问，你愿不愿意把某些你毫不怀疑地视为罪恶的行动，当作口味上的一种简单差异来对待。我们相信，谋杀无辜的孩子，在药瓶里投毒，都是错误的。那对我们来说只是一个武断的假设吗？抑或是它真的错了？我们能够知道它错了吗？或者，我们要得出结论，说世上的希特勒们同正派人士之间的差别，仅仅是他们有不同的偏好？

要是怀疑论的结论令人难以接受的话，也许我们就该试试不同的方式。饶有趣味的是，即使是怀疑论者和伦理相对论者，当他们试图决定做什么而不是从事理论或哲学工作时，似乎也愿意并且能够思考伦理论证。这究竟是怎么回事呢？在日常思维中，我们和他们都不会简单地把伦理事务看成是武断的。我们想方设法决定何为对，以及何为当做之事。况且，表面上看起来我们常常成功。我们只是在上当受骗吗？

在这一点上，我们有一个提议。我们暂且不谈伦理学是否可能的问题，先来看一些实际的伦理纷争。在我们讨论这些争论的过程中，我们也可以不时地从侧面来考虑我们实际上是怎么取得进展的。我们可以设法描述出我们是如何思考的,以及真正的伦理论证的性质是什么。我们一旦做到这一点,就可以回到客观思考伦理争端是否可能这个问题上来。这是一个不易解决的争端,它需要大量的思索和考虑。但是,我们解决这一争端的方式,会给作为教师和人类的我们在伦理环境中的思维和行为方式造成重大影响。

教 例

琼斯女士没有同约翰尼的父亲会过面,但多次在电话里与他通话。事实上,仅在半小时之前她就和他通过话,告诉他约翰尼打架了,她想同他讨论一下约翰尼的行为。

约翰尼经常打架。这倒不是因为他是个坏孩子,他并不招惹别的孩子,或者故意挑起事端,他只是有点易于激动。一旦怀疑自己遭人嘲笑,或者受到批评,他就会张牙舞爪冲上去。他没有伤过任何人,事实上,因为人小,他常常是战败者。琼斯女士曾经要他想一想这样一个事实——他要是少攻击别人,就会少挨打。约翰尼只是报以苦笑说:"我习惯了。"约翰尼的父亲冲进她的办公室时,"我习惯了"有了一种全新的意义。郝斗先生手握腰带站在门口。要求把儿子交给自己时,这位身高196厘米的大个子气得全身发抖。"我要教教那个小毛孩在学校里打架,"他怒吼道,"他在哪儿?"

琼斯女士平静地对他说,她并不是叫他来打约翰尼,只想讨论约翰尼的难题。"讨论什么?"郝斗先生回答道,"这根皮带会说明一切。"这种气息开始弥漫整个房间,让人有理由相信,郝斗先生确实不是一个冷静自制的榜样。

"但不是约翰尼先动手的,"琼斯女士脱口而出,"他无缘无故挨了一个男孩子一顿打。我叫你带他回家,免得放学后别的男孩子抓到他。"

这好像给郝斗先生提出了一个新问题。系上腰带之后,他再次要求见自己的儿子。他和琼斯女士走向约翰尼教室时,开始告诉琼斯女士他打算怎样教约翰尼"像男人那样"打架,告诉约翰尼"别跟人废话"。

琼斯女士开始纳闷,自己为什么告诉郝斗先生,说是别人先动手打架的。她知道,这次打架完全是约翰尼的错。他走进教室,显然对什么事不高兴。他看到几个男孩子在角落里说笑。他们爆发出大笑时,他挥拳冲进人群,并且嚷着:"我叫你们笑我。"受到攻击的男孩子可能是太激动,他们还了手,但是他们确实没有先动手打人。琼斯女士发现,如果他们无端地挨了几下轻打,就难以责备他们了。

真正困扰琼斯女士的是,她刚才对郝斗先生说了谎。她认为自己是个诚实的人,而且相信撒谎不对。实际上,今天之前她很可能会说撒谎永远不对。可是为了避免约翰尼挨打,她说了谎话。告诉郝斗先生实情有什么好处呢?他暴躁的态度和行为,可能就是约翰尼身上的问题的根源。对于琼斯女士来说,似乎每个人都因为她的谎言而得到了好处。约翰尼没有挨打,她也没有面对一位暴跳如雷而且喝得醉醺醺的父亲。她说谎确实是对的。她还能做什么呢?而现在她能帮助约翰尼做些什么吗?

伦理学的两种思维方式

琼斯女士对郝斗先生说谎对吗?让我们来做一些假设。琼斯女士要是实话实说,郝斗先生就会殴打约翰尼。此外,琼斯要是不编排一下约翰尼,他就会给她一段不愉快的时光。她确实避免了一些不如意的后果。这样,问题就解决了吗?为了避免坏结果或者造成好结果而采取行动,就会使行动变得正当吗?或者说,说谎永远不对吗?琼斯女士极其赞成诚实,对上当受骗深恶痛绝。难道她不应该像期望别人对自己那样对待郝斗先生吗？难道撒谎不总是错的吗（即使出于善良的原因）？我们怎么来决断？

我们构建这个两难问题，是为了说明两类主要的伦理学说的特点——根据行为结果决断行为对错的伦理学说，以及不根据行为结果决断行为对错的伦理学说。与之相应，我们把它们分别称作结果论和非结果论。让我们来思考一下它们的基本特征。

结果论与利益最大化

结果主义伦理学说坚持认为，某种行为的对错要由它的结果来决定。理解结果主义伦理学说的一种方式，就是看到它们所致力的一条原则，我们将其称为"利益最大化原则"。该原则主张，无论何时我们面临选择，最好的和最正当的决定都是给最大多数人带来最大好处或最大利益的决定。因而，利益最大化原则根据我们行动的结果来评判我们行为的道德性。也就是说，最好的行为就是有着最好的总体结果的行为。它并没有直接告诉我们什么是有益的或什么是好的。这还需要另外的思考。它只是说，我们一旦知道什么是善，最好的决定就是使善果最大化的决定。因此，琼斯女士如果想用结果主义的推论来决定向郝斗先生说谎这件事是否正确的话，她必须权衡说谎的利弊以及不说谎的利弊。然后她要选择能在总体上带来最好结果的行动路向。她力求使善最大化。可是，什么才算得上善呢？

谈论善，就是谈论有内在价值的事物。是什么使得某种事物本身就有价值？本书作者之一有午后出去跑上几英里的习惯，这并不是他非常喜爱的事情。那么，为什么要这样做？有几个理由。他需要锻炼，他喜欢陪他跑步的人。但为什么看重锻炼？为什么看重别人的陪伴？在第一种情况下，他往往会说，他真正看重的是健康。接下来还可能说，他看重健康，是因为健康使他享受到诸如划船和滑雪之类的乐趣。所以，跑步和锻炼有工具性价值。它们有助于他得到自己想要的东西，这就是他为什么看重它们。为什么看重别人的陪伴呢？他就是看重，仅此而已。他和这些人一道跑步，并不是因为和他们在一起是为了达到某种别的目的。他并不试图增加自己的专业机遇，或者向他们兜售什么东西。他只是以他们的陪伴为乐。快乐的伙伴、滑雪和划船因而是那样做的最终理由。做这些事情不存在"为了什么"。它们是内在之善。这就是说，它们因为自身的原因而被看重。

一个真正的结果论者不仅仅对产生具有内在之善的结果感兴趣。结果论者兴趣在于使善最大化，也就是说，产生最多的善。毕竟，产生一些善果相对来说是比较容易的。听说每朵乌云中总有一丝亮光。事实上，要做一件根本不产生善的事情，是困难的。但关键是要选择具有最好结果的行为。如果有人要为中午跑步辩护，那么，他不但要说明中午跑步产生了某种可望的结果，还要说明中午跑步产生的结果比他可能做的其他事情所产生的结果更好。善，必须最大化。

结果论者对善的思考各不相同，因而可以分成不同的学说。最具影响力的结果论即快乐主义，主张善就是快乐或幸福。《威斯敏斯特小要理问答》却以"人的主要目的是荣耀上帝并永享天恩"来回答"人的主要目的是什么？"这个问题。这是关于什么是善的两种不同观点。

结果论最为重要的变种之一是快乐主义的一种社会应用，叫做功用主义。这是一种社会正义的观点，其最具影响的形式是由英国哲学家杰里米·边沁（1784—1832年）和约翰·斯图尔特·穆勒（1806—1873年）提出来的。其中心思想是，应当根据为最大多数人造成最大的善来决定社会政策。

我们怎么决断什么才算是对最大多数人的最大善呢？其出发点是快乐即善、

痛苦即恶的假设。因此,如果我们想决断任何特定的个人有多幸福,就必须测量此人快乐和痛苦的总量,把它们各自加起来,并从快乐的总数中减去痛苦的总数。这个结果,给了我们一个表示此人之功用的数字。决断一个特定的社会有多幸福,就是这么一回事:把各个社会成员的功用加起来,然后除以人口数(当然,假定这些东西可以测量)。这个数字被看作是平均功用,即衡量总的社会福利的尺度。

决断一项具体政策的长处,实际上就是确定该政策对平均功用的影响。那些产生最高平均功用的政策是最公正的。以这种观点来思考道德难题,有一项长处——提醒我们,如果通过判断某种行为或政策的后果来评价其道德性,就必须考虑它对每个人的后果。如果琼斯女士非常严肃地决断对郝斗先生说谎的道德性,她就必须考虑对影响所及的每个人的所有后果。她不能只问自己的决定会怎么影响自己和约翰尼,她还要问这样的难题:作为一个诚实的人,她的声誉有没有受到影响?人们对她的诚信品质失去尊重,会不会使她成为一个比较差劲的教师?她所作所为,也会影响她班上和学校里的其他孩子。功用主义要求考虑对每个人的幸福所造成的所有后果。

对于利益最大化原则是该应用于个体行为上,还是该应用于道德规则上,功用主义者有时有分歧。琼斯女士可能会这样推理:"要我在具体情况下决断对郝斗先生说谎对不对,这是一个难题,我不知道实际结果会是什么样子。也许我将使约翰尼免于挨打,但也有可能郝斗先生发现我对他说了谎话,约翰尼因此会遭到一顿更重的痛打,而且郝斗先生将不再信任我。可是,我知道,在大多数情况下,撒谎的后果比诚信的后果更加不如意。一般说来,诚实是上策。既然我确定不了这一特殊情况下撒谎的后果,那么,我想我该做我所知道的作为一般策略最好的事情。"

在这里,琼斯女士的决断,是把结果论的道德论证运用于一般策略,而不是把它运用于个别行动。我们不必在每一种情况下决定要不要说谎。相反,恰当的问题是一种允许或反对说谎的策略是不是最好。琼斯争辩说,了解一定类型的行为在一般情况的后果,比了解具体行为的具体后果容易。琼斯也可能争辩说,让人们把各个决断都看成是任何普遍行为规则的例外,是危险的。人是脆弱的,没有道德规则的辅助,他们会做便宜合算的事情,而不做正确的事情。如果我们必须撇开其他情况对每一种情况各自做出决断,我们怎能拥有法律?所以,也许应当加以评价的,是道德规则或策略,而不是行为。

在转向考虑非结果论的论证之前,我们要看看结果论的两个难题。一个困难是,结果论,尤其是它的功用主义形式,要求我们拥有通常难以取得或者不可能取得的信息。想一想,将快乐或痛苦进行比较有多难。好伙伴比好吃的东西产生更多或更少的快乐吗?坐在大头针上或遭到尖刻的侮辱,哪个更糟糕呢?功用主义似乎要求我们不但能够回答这样的问题,而且能够量化它们。接着,功用主义要求我们不但知道自己行为和策略的所有后果,而且能够判断这些行为和策略对所涉及的每个人快乐和痛苦的总体分布的影响。看来,道德行为要求人们无所不知,无所不能,而这对于我们大多数人来说是办不到的。

第二个困难是,功用主义会产生道德上的恶果。让我们想象一下:有一打虐待狂,他们有幸逮着一个可能的受害者。他们正在争论花一个快乐的夜晚折磨他们的俘虏对不对。这伙人中有一个这样论证道:"我们必须承认折磨这个人会造成一定数量的痛苦。可想一想,我们会给自己带来多大的快乐。而且我们有 12 人。尽管这个人的痛苦可能会超过我们当中任何一个人的快乐,但肯定超不过我们所有人的快乐。所以,折磨这个人会增加平均功用,我们应该这么做。"假定这些对折磨人的后果的判断是对的,还推得出道德结论吗?如果有人认可功用主义,就似乎推得出。可我们猜想,我们的道德敏感性会反对这样一种论证。如果功用主义能够为这样的行为辩护,也许我们就该对它有所怀疑了。

非结果论与尊重人

琼斯女士表达的另一种想法,提示了思考其行为的第二种方式。她憎恨上当受骗,难道她不该像她期望别人对待自己那样对待郝斗先生吗?

这种想法表达了一种普遍的道德观。与之极其相似的说法是"你们愿意人怎样待你们,你们也要怎样待人"这一"黄金法则"。难道这种想法对于理解这个难题不有助益吗?

让我们试着用德国哲学家伊曼努尔·康德(1724—1804年)提供的方式[1]来审视这条"金科玉律",以此发现它所包含的别的观念。康德核心的道德格言叫做绝对命令。"如此行动,以使你意志之格准总能够同时成为确立普遍法则之原则。"这个相当令人生畏的句子,包含一些并不怎么令人生畏的道德观念,这些观念很恰当地表达了"金科玉律"的内容。我们将试着把这一点陈述得简单些。

所谓格准或原则,康德仅指道德规则。"不杀戮"就是一例。

说道德规则应当具有普遍性是什么意思?康德提出一种检验方法,以查明构成某些行为之基础的原则能否受意志的驱使,而成为一种普遍的法则。你若要把某种原则运用于他人,你愿意该原则以同样的方式运用于你自己吗?你若撒谎,你愿意别人对你撒谎吗?你若偷盗,你愿意自己被盗吗?如果你愿意撒谎却不乐意别人对你说谎,你就不愿意把这条指导自己行为的原则视为人类行为的普遍规则。康德提出了一种较为有效的方式,这种方式隐含在琼斯女士反思自己应当像愿意别人对待自己那样对待郝斗先生之中。

根据康德的意思,"黄金法则"要求我们以尊重道德主体的同等价值的方式去

---

[1] Immanual Kant, *Critique of Practical Reason*. Indianapolis, Ind.: Bobbs-Merrill, 1956.

行动。它要求我们将人视为具有内在价值的存在,并相应地将人当作具有内在价值的存在来对待。这就是为什么我们有责任以希望他人对待我们的方式去对待他人。我们可以将这种想法称作"同等尊重人原则"。这一原则包含三个附属的含义。

第一,同等尊重原则要求我们对人以"目的而非手段"相待。就是说,我们不能待人如同纯粹增进我们自身目的的手段。我们还必须尊重他们的目的。我们不能待人如同东西,如同纯粹的客体,他们只在有助于我们福利的意义上被认为有价值。我们还必须考虑他们的福利。

第二,我们必须将所有的人都视为"自由的、理性的、负责任的道德主体"。这意味着我们必须尊重他们的选择自由。我们即使不赞同人们所做的选择,也必须给予尊重。此外,这还意味着,我们必须优先考虑去促使人们作出负责任的选择。重要的是,使人拥有信息,接受教育,以使人作为自由的道德主体负责任地发挥作用。

第三,人们无论多么不同,作为道德主体都具有"同等价值"。这并不意味着我们必须在能力或潜力方面将人看作是同等的,也不意味着在决定如何待人时不承认人们之间有相关差异。例如,由于一个人比另一个人工作更努力,贡献更大,从而付给他更多的报酬,这并不背离同等尊重。作为道德主体的人拥有同等的价值,意味着人被赋予相同的基本权利,还意味着人的利益尽管各不相同但有同等价值。每个人无论其与生俱来的能力如何,都被赋予了同等的机会。在民主选举中每个人都拥有投票权,而每一票都应该被视为和其他票一样具有同等的价值。任何人都无权表现得好像他或她的幸福比他人的幸福更有价值。作为人,每个人都有同等的价值。

当琼斯打算用"金科玉律"来决定是否对郝斗先生说谎时,她就不是打算通过衡量哪种行为具有最好的结果来决定怎么做了,而是试图决断哪种行为最符合同等尊重每个人这一原则。这种理论强调同等尊重原则,而不强调利益最大化原则,这就是所谓"非结果论"的理论。

康德会愿意这样论证:所有的结果论立场都终结于对待某些人仿佛他们是达到其他人目的的手段。当我们力争使平均幸福最大化时,难道我们不是说只要平均幸福增加,就可以拿某些人的幸福同其他人的幸福作交易吗?当我们这么做时,难道我们不是在把那些被弄得不那么幸福的人当作其他人幸福的手段吗?

这样一来,琼斯女士就有了另外一种方式去看待自己对郝斗先生说谎的决定。她不必去决断哪种行为会得到最好的结果,只需决断自己的行为是否遵循道德法则——它能否始终一贯地受到意志的支配,成为人类行为的一条普遍原则。她必须把郝斗先生待如目的,而不待如别的某个人幸福的手段。那么,她必须尽自己的义务。所以,琼斯女士具有某种思考自身行为的非结果论方式。

让我们来考虑一下这种思维方式的两种困难。首先,人怎么能够决断自己愿不愿意使撒谎成为一条普遍的行为规则呢?为什么琼斯女士不愿意别人对她撒谎?如果有人争辩说,他们完全乐意使撒谎成为一条普遍的行为规则,而不在乎别人是否对他们撒谎,对于这种人我们会说些什么呢?回答这样的问题,可能立刻就会导致我们去思考撒谎的不良后果。不能承认撒谎是一条普遍规则,是因为撒谎有种种令人不满的后果。如果我们经常为人不诚实的话,就不能与他人和平相处。这样的事件逆转,对非结果论学说提出了一个两难问题。如果非结果论学说一概不愿意承认行为的后果与其道德评价相关,就难以看出我们怎么能够决断某些道德原则可以普遍受到意志的支配。可是,如果它们愿意谈论行为后果的话,它们就要解释它们何以不同于其他结果论学说。

第二个困难牵涉到在一般或特殊情况下我们应当怎样表达构成某种行为之基础的道德原则。也许我们显然不能决意使撒谎成为一条普遍的行为规则,可是,我们为了使孩子免受伤害而决意使撒谎成为一条普遍的行为规则,这一点难道不是同样明显吗？我们怎么才能使规则具体化呢？如果我们必须非常一般性地表达规则,那么,在我们必须采取行动的各种情形中,我们的行为难道不是要对那些可能十分真实且重要的差异作出反应吗？如果表达规则很注意情形,又会使我们的选择变得模棱两可,而这似乎正是绝对命令期望避免的。况且,一种道德学说使行为的道德性取决于它所描述的一般性,这样的道德学说合理吗？对伦理判断的基础来说,这显得过于武断了。

让我们来总结一下。琼斯女士对自身行为的评价,似乎有赖于思考伦理事务两种截然不同的方式。这两种伦理思维方式似乎都有说服力,但两者的说服力都不充分。可以用某种合理的方式对这两种见解加以整合吗？可以把它们作为成功的工具运用到教学伦理的思考当中吗？为了说明这些问题,我们将在接下来的各章中花一些时间探讨教学当中发生的一些极其真实的道德两难问题。我们要试着看一看我们能够怎样从各种理论的视角看待各个两难问题。或许我们就能发现有没有真正客观的方式对教学的各个伦理方面发表言论。

伦理学说及其作用

不久,我们将邀请你,把结果论学说和非结果论学说之间的差别作为概念工具箱的部件,用于对一系列伦理争端进行分析和推理。我们将在整本书中展开并应用这种区别。不过,我们想为你准备一种有关其意义的解释,但愿这种解释证明对你有所助益。我们这里所说的一些内容在下文会有更详细的展开,但是现在就大概地了解这些观点或许对你有帮助。

第一个要考虑的问题是:"难道没有其他学说吗？"这里的回答是有。举几个例子：在过去的几十年中,一些女权主义学者发展了一种他们所说的关怀伦理。

这种观点使得关怀成为伦理生活的关键,有时还把自己描述成一种关系伦理。其他学者主张美德伦理,有的已经把这种伦理与社群伦理联系起来。因此,存在着种种备择的伦理观点。对于它们,我们该说什么呢?

我们可能会说的一件事是,这些不同的伦理观念与我们所理解的结果论/非结果论框架不一致,这一点并不完全清晰。对此有几点考虑。

首先,我们相信任何道德都需要美德概念。从典型意义上说,良好的行为源自良好的品格。品格关乎我们习惯所为。拥有某种美德,就是具备某种得以合理安排的习惯。我们不认为非结果论或结果论的观点消解了如此理解的美德的重要性。

同样地,我们接受关怀伦理,把对人性善的考虑包含进来,使关怀关系成为核心。有人可能会争辩说,关怀伦理是一种结果主义伦理。或许有人还可以构建一种关怀伦理的非结果主义诠释,但我们怀疑搞这种名堂有多大意义。凡是对关怀伦理的诠释,都不得要领。

我们在本书中并没有大谈关怀,但不否认它对美好生活或对良好教育的重要性。不过,我们在书中更多地是以正义观一方的概念进行聚焦。对于在像学校这样的公共机构中必须相互关联的人来说,心智自由、机会均等、正当程序之类的概念(在某种意义上)就是关系伦理的一部分。人们很难与对其不公平的人共事。不公正削弱关系的基础。

关怀伦理观念的面世,主要归功于对劳伦斯·科尔伯格道德发展理论的批判。由于科尔伯格的伦理是一种正义伦理,文献上常常把关怀伦理和正义伦理看成是竞争对手。不过,我们认为,把正义和关怀理解成道德生活中相互竞争的愿景是错误的。其他断言就是错把道德生活的一部分当作它的全部。但在这本书中,我们不打算描绘伦理生活的全貌,而打算描述对于我们公立学校的公共生活中十分重要的一套概念的特征。

我们认为,把结果论伦理和非结果论伦理看成竞争对手也是错误的。我们往往以为最抽象的伦理学说产生于注意到某种对于道德生活重要的事情进而对它加以概括。抽象的伦理学说是很启发人的,因为它们包含重要观点的说明,但是,如果我们试图让它们做不适合的工作,它们就会歪曲伦理反思。

在许多情况下,人们无需抽象的哲学理论,就可以做出良好的伦理决定。我们知道,说谎或谋杀是不对的。我们不需要哲学家或哲学理论告诉我们这点。我们也不需要为了辩护我们的道德观点而表明它们源自某种抽象的哲学理论。事实上,辩护往往会反向发展。我们辩护某种道德理论,靠的就是表明它能够解释我们对于更为具体的事情更加深层的道德信念。

抽象的道德理论有什么价值呢?我们认为,它们的价值显现在使我们能够理解并且清晰地思考难案中的关键所在。琼斯女士遇到了难案。它不是个难案,因为她可以用结果论和非结果论的方式去思考它。它是个难案,因为她有某种理由认为说谎会产生比说实话更好的结果,可她又怀疑这是不是足以为说谎辩护。怎么做才有最好的结果,作为一个原则问题我们应当怎么做,这两者之间的紧张关系是人们所熟悉的。诸如"目的不能证明手段合理"之类人人相熟的格言,表现的就是这种紧张关系。结果论伦理与非结果论伦理之间的区别,有助于使那种紧张关系变得更加清晰。这种区别没有制造琼斯女士两难困境,反而有助于她更好地理解它。

结果论和非结果论之间的区别所要做的,就是使我们能够对难案提出好问题。这些不同的问题使我们更加清楚关键所在。如果从结果论的角度对难案进行推理,我们就必须问自己这样的问题:"我们目标指向的利益是什么?""这些好处真有价值吗?""有一些我们应当考虑的意外后果吗?""我们意在让谁受益?有受到影响的其他人吗?"如果从非结果论的角度对难案进行推理,我们就该提这样的问题:"我们一以贯之吗?""如果别人这样对待我们,我们心里会怎么想?""我们尊重那些与我们相互影响的人吗?""利益得以公平分配吗?""我们对人以目的而非以手段相待吗?"

所有的问题都值得一问。我们还应该问其他理论提出的问题。"我们的行动会怎样影响关系?""我们的行动会怎样影响到我们的共同体?""既然我们在做选择中塑造自己的品格,那么,我们愿意变成如果我们经常做这类的选择就可能变成的那类人吗?"

因此,我们把结果论和非结果论(以及其他理论)当作工具,用于审问伦理两难问题和难案。我们不认为它们是我们必须从中去选的备择理论。我们选择了强调结果论和非结果论的观点,是因为这些观点在哲学上有尊贵的谱系,还因为它们在很大程度上依然与我们同在。

我们使用它们,还因为它们在阐释可谓公民伦理方面的伦理概念时特别有用。诸如公正惩罚、心智和宗教自由、机会均等之类的概念是我们公民遗产中的一部分,它们是合乎伦理的学校的核心。不过,它们并不是人们对学校伦理事务有话要说的是全部。可是,一个人在一本篇幅简短的书中不能事事都做。

能够对难案提好问题是怎么帮助我们决定做什么的呢?这没有简单的答案。毕竟,难案之难是因为它要求在冲突的原则或冲突的善之间做出选择。有时我们对难案问对了问题,对关键所在弄得更加清楚了,就会发现我们的两难问题已经解决。它只是看起来像个难案。有时我们可能发现我们所做的一切使两难问题变得更加尖锐,接下来怎么办?

关于难案要注意的一件事是,虽然通常情况下确实是某些选择好于另一些选择;但事实并非总是有一个独一无二的正确回应。我们可能发现,我们面临相互竞争的原则和善之间的冲突,而且我们更好地了解了我们种种可能的选择有助于排除某些可能性,可是没有哪种选择作为完胜的赢家应运而生,接下来怎么办?

我们能够给出的最好回应是,必须依靠自己的判断,有时你会与其他讲道理的人产生分歧,并且根本就没有明显或轻易说服彼此的方式。我们断言客观的伦理论证是可能的,但不断言伦理学是一门精确科学。我们尽自己所能,不对伦理推理提超出它所能提供的要求。

还有一点我们认为也很重要,你不能把伦理学当作一种从基本原则推导行为规则的演绎加以探讨。伦理学不像几何学。伦理推理常常始于我们对何为对何为错的直觉。我们试图系统地阐述种种解释我们如何感觉的原则。我们询问这些原则会怎样适用于其他情况,借此检验它们。有时我们发现必须更改我们的原则。有时我们的原则会更改我们最初的直觉。这个过程不是单向的。它是辩证的。

我们在伦理推理上试图获得的是在我们的原则与我们的伦理直觉之间暂时的反思均衡。如果所有的事情都观照到了,我们在一系列的观照中取得了一种稳定的平衡,我们就得到了暂时结论。

我们邀请你试验一下自己的分析,把这些理论视角用在下面的教例中。

补充教例

真相或结果

湾景高中是一所种族混合的城市学校。该校相对来说没有受到风纪难题的困扰,因此享誉一方。行政管理者以校为荣,并将此声誉归功于全体教职员工的通力合作,以及一个警告教职员工可能处于危险境况的沟通系统。

最近,学生群体中有一些骚动,有一些因种族绰号引起的打架事件。教师们意识到了这些敌意的对抗,警惕地留意着学生持有的武器及其他危险品。

一个星期一的午餐期间,米勒女士在教员餐厅里声称,那天早上有人从她的包里拿走了钱夹,她丢了 20 美元。

那天下午下课之后,奇科·迪亚兹离开大楼之前走进了学校商店。他小心地脱下运动衫,检查了一下衣袋,然后将衣服放在一张桌子上。他走向柜台,买了一些学校的 T 恤、笔记本和笔盒。他付款用的是一张 20 美元的钞票。本纳女士是负责学校商店的老师,她注意到了这张钞票,这使她产生了怀疑。于是,她走近那张桌子,看了一下奇科运动衫口袋,她心想米勒女士的钱夹可能在里面。但是,她发现的却是一把大号折叠式弹簧刀。她将运动衫放回原处,并且立即叫来了风纪处主任马科尼先生。

马科尼先生要求奇科将他衣袋里的东西都拿出来。奇科照办时,刀子被发现了。马科尼先生是一个严厉的风纪主任,他叫来了校长洛佩斯先生。奇科被告知立刻离开大楼,并考虑自己的停学,但停学尚待在第二天早上校董会代表对这事的听证会上的议决。

在教员离校之前,本纳女士被叫到校长办公室去见洛佩斯先生。校长请她参加停学处理的听证会。本纳女士向洛佩斯先生解释说,她搜查奇科的运动衫,是因为她之前怀疑奇科可能做过另一件事情,而不是怀疑他持有刀具。刀具并没有亮出来。洛佩斯先生问本纳女士奇科有没有看到她这样做了。当她回答说他没有看到时,洛佩斯先生说:"很好。明天听证会上,你就说你看到刀子从他的口袋里垂下来。那会使董事会满意。"

有句格言说,《人权法案》不止步于校舍门口。在这个教例中,奇科看来没有获得正当程序,而本纳女士搜查他的运动衫口袋可能是不合法的。奇科确实和任何其他公民一样拥有一定的隐私权,所以这样对待他看来是不公平的。可是,教师和行政管理人员有责任保证学校的平安,有责任保护其他学生。在这个意义上说,普遍福利的诉求,就是力争为这样对待奇科进行辩护。毕竟,他确实藏有一把刀。

本纳女士对整件事件感到有一点愧疚。她困惑的是她搜查奇科的衣服是不正当的。现在上司要求她在听证会上撒谎。奇科从来都不是一个特别坏的学生，她担心停学是没有根据的，而且可能有意想不到的后果。如果你是本纳女士，你会怎么办？

若干问题

1. 如果你是本纳女士，你在这个教例中会撒谎吗？为什么？这个教例中的说谎与琼斯女士对郝斗先生说谎有何异同？
2. 若对这个教例进行结果论分析和非结果论分析，哪一种分析看来更合理？
3. 在这里，哪条原则（利益最大化或尊重人）看起来更重要？为什么？

电工

东岔路综合高中服务于一个地广人稀的居民区，方圆20英里的学生都来这里上学。为了充分发挥这所小型学校教职员工的作用，教师们通常身兼数职。亨利·特鲁布拉德教英语，但他还要协助担任足球和径赛教练工作。两年前，全职辅导员离职之后，校长又叫亨利分担其中一部分任务。作为交换，他可以少教一个单元的作文。亨利很快就同意了。除了少批阅一些写得差劲的作文外，他还发现他更喜欢帮助学生申请大学或者在当地找工作。至少到目前为止，这给了他作为一名教师不一样的满足感。

在一份推荐信上他不得不做出一个艰难的决定。蒂姆·马尔伯里从来就不是一个非常好的学生。实际上，他下个月就要毕业了，他能否达到毕业的最低限度要求，已经是一个火烧眉毛的问题。蒂姆可能有平均水平的智力，但他从来没有真正把心思放在学校里。他是亨利所教的一个高年级英语班上的学生。蒂姆总是迟交作业，或者根本就不交作业。他的书写总是很潦草，粗枝大叶，有时亨利都不敢相信英语是他的母语并且是唯一的语言。他已经从其他老师那儿听说过，蒂姆就是这个样子。

尽管如此，蒂姆却生活得很艰难。他父亲多半时间处于失业状态，因酗酒和殴打妻子出入于当地监狱。他母亲在一家小商店里打工，晚上还当服务员，就靠这点微薄的收入支撑着这个家。蒂姆在家里几乎得不到支持和鼓励。他在学校里经常陷入困境。给他家里下通知或打电话，却没有多少效果。蒂姆的英语差一点就不及格了。

所以，当亨利在辅导员办公桌上看到一封来函，得知蒂姆已经向电工协会申请当一名电工学徒时，他又惊又喜。毕竟蒂姆看起来干劲十足。来函要求确认蒂姆是六月份即将毕业，要求一份关于他作为一名电工是否合适的推荐信。

亨利面临一大难题。这或许是蒂姆唯一的机会，学习一门行当，过上有成效的生活。如果他在跨出校门后尝试做的这第一件事情就失败的话，他可能放弃所有的希望，和他父亲一样加入失业大军。另一方面，如果亨利将真相稍加放大，他可能不得不让蒂姆通过下个月的英语考试，而不管该不该让蒂姆通过。此外，蒂姆的作业习惯似乎也不适合这一行当，干这一行一旦犯错误，就会在信赖他的客户的家中或事务所中造成火灾或电击。亨利该怎么办呢？

若干问题

1. 如果你是亨利，你会在回复电工协会所要的推荐信中说什么呢？你会就蒂姆的作业习惯撒谎吗？如果你没有把你所知道的蒂姆的不可靠和粗心告诉该协会，那就是不老实吗？你将如何处理这一毕业争端？

2. 就业机构、组织、未来的雇主以及大学一直都是要求写推荐信。学生的记录以及教师和辅导员的评语，谁想要就该给谁吗？说实话的推荐是这一程序所必需的。那是一个合乎实际的推荐吗？

3. 利益最大化原则和尊重人原则怎样应用到这个教例中？

进一步探究

1. Bok, Sissela. *Lying: Moral Choice in Public and Private Life*. New York, Vintage, 1979.

   探讨隐瞒真相的可能理由和结果。

2. Gilligan, Carol. *In a Different Voice*. Cambridge, MA: Havard Univresity Press, 1982.

   批判劳伦斯·科尔伯格的观点,声称他忽视了关怀与关系在伦理学中的重要性。

3. Kant, Immanuel. *Critique of Practical Reason*. Trans. Lewis W. Beck. Indianapolis, IN: Bobbs Merrill, 1956.

   关于非结果论伦理立场的经典论述和辩护。难懂,但值得一读。

4. Kholberg, Lawrence. "From Is to Ought: How to Commit the Naturalistic Fallacy and Get Away with It in the Study of Moral Development." in *Cognitive Development and Epistemology*. New York, Academic Press, 1971.

   这是一篇关于劳伦斯·科尔伯格道德发展理论的杰出论述。

5. MacIntyre, Alasdair. *After Virtue*. South Bend, IN: University of Notre Dame Press, 1982.

   近期一部有影响的关于社群主义和美德伦理的著作。

6. Mill, John Stuart. *Utilitarianism*. New York, Doubleday, 1961.

   关于功用主义的完美而简短的论述。

7. NEA. "Code of Ethics of the Education Profession." National Education Association: http:www. nea. org. /aboutnea/code. html

   全美教育协会《教育专业伦理规范》的网上文本及其他针对教师的资料。

8. Noddings, Nel. *The Challenge to Care in Schools: An Alternative Approach to Education*. New York, Teachers College Press, 1992.

   关于学校教育背景下关怀伦理的讨论。

9. Strike, Knneth A. "Justice, Caring, and University: In Defense of Moral Pluralism." In *Justice and Caring: The Search for Common Ground in Education*, edited by Michael Katz, Nel Noddings, Knneth A. Stike, 21 - 36, New York, Teachers College Press, 1996.

   关于正义与关怀争论的讨论。

10. Strike, Knneth A. "The Ethics of Teaching." In *A Companion to the Philosophy of Education*, edited by Randall Curren, 509 - 24. Oxford: Blackwell, 2003.

    关于我们应当如何思考教学伦理的讨论。

（黄向阳　译）

第 2 章

惩罚与正当程序

全美教育协会《教育专业伦理规范》包含如下陈述：

在履行对学生的义务时，教育工作者——

4. 必须作出合理的努力，以保护学生免受对于学习或者健康和安全有害之环境的影响。

5. 不得有意为难或者贬低学生。

这些规诫引发惩罚的争端。惩罚通常被视为维持正常秩序的手段，从而被视为排除与学习和安全环境不符之情况的手段。惩罚也有为难或贬低学生的风险。理智地讨论惩罚问题，需要哪种道德概念呢？

一则供思考的教例

保显斯先生是米德尔顿高中的化学教师。有一天，他在督导一项没有危害的实验，有人叫他到办公室去接一个事关他孩子的急电。考虑到正在进行的实验没有什么危险，而且所有真正有危险的材料都锁着，他叫全班学生继续做实验，自己出去接电话了。

对于那一天，保显斯先生记住了两件事。第一件是他发现"急电"不急，如释重负。第二件是当他听到化学实验室里的爆炸声是多么惊慌。

他以最快的速度赶回实验室，进去一看，屋子里烟雾弥漫。他首先关心的是看看有没有人受伤。没人受伤。事实上，学生们看上去觉得这很好玩。引爆者是在一只金属废品篓里引爆的，所以不大可能伤着谁。

保显斯先生接着注意到一只上了锁的橱被人打开了。他肯定自己上了锁。他推断有人有钥匙，或者有人能撬锁。

保显斯先生把情况看得很严重。引起爆炸的学生可能并不清楚自己在干什么，他可能会铸成大错，毁掉半个学校。更有甚者，现在有人有办法弄到他的化学药品。橱里的这些物品如果处置不当，就会致命。于是，他开始盘问全班学生，以查出应对爆炸负责的人。但没有查到。显然，许多学生当时都在做自己的实验，并不知道是谁干的。但让保显斯先生生气的是，许多学生明明知道是谁干的，却没有一个人愿意揭发肇事者。

保显斯先生决定惩罚全班学生，罚他们一个月放学后留堂，指定他们对化学爆炸事件写一篇30页的文章。谁完不成任务，谁的化学就不及格。保显斯说，如果他查出是谁干的，就会取消留堂处罚。

第二天早上，保显斯先生发现桌子上有一张匿名的纸条，指控一名叫亚历克斯的学生引起了爆炸。指控合乎情理。亚历克斯很聪明，他知道怎么干。另外，亚历克斯是学校里出了名的恶作剧者。亚历克斯的名声，或者，他的个头、力气和攻击性，很容易说明为什么没有人告发他。而真正无可争辩的事实是，亚历克斯的父亲是一名锁匠。桩桩对得上号。

唯一的难题是，亚历克斯面对指控矢口否认自己是肇事者。这使保显斯先生感到很麻烦。他只有旁证，而且都不是确凿无疑的。不过，保显斯先生还是决定惩罚亚历克斯。第二天，他宣布，由于肇事者已经找到，他取消关全班学生的留堂处罚。但是,亚历克斯在今年余下的时间里要留堂,并且,他的化学成绩不及格。保显斯先生的全部意图在于以亚历克斯为戒。他对学生安全负责,不惜代价使亚历克斯明白引起爆炸是一起严重的事件。严惩亚历克斯是为了防止可能发生的严重事故而付出的小小代价。从今往后,学生就不会把私取化学药品或者把引爆看成是无害的恶作剧了。

保显斯先生的做法公平或公正吗?让我们首先为各方简单地辩护一下。

我们也许会强调保显斯先生的首要责任是确保全班学生的安全,借此为保显斯先生辩护。危险的情况已经出现,有人已经有办法弄到他的化学药品,而且似乎要以此搞恶作剧。还有,保显斯先生班上的学生似乎没有意识到事情的严重性,只把它当成是玩笑。因此,作出如下假设是十分合理的:如果不采取行动,就会有更严重的事故。因为化学药品含有处理不当就会威胁生命的物质。保显斯先生必须采取一切必要的措施,以确保化学药品保险,确保学生安全。他的行为很可能达到了这一目的,至少他表明了他是多么严肃地看待这起事故,并且表明了他要严厉处理肇事者的意愿。

另一方面,可以指责保显斯说,他的处理对亚历克斯和全班学生都不公平。亚历克斯受到不公平的待遇,是因为保显斯先生虽然并不确信他就是肇事者,却依然惩罚他。而且,给亚历克斯的惩罚与其罪错并不相应。保显斯先生给亚历克斯的化学打不及格。可是,课程等第通常以学科知识为基础,不管是谁看了亚历克斯肄业证书,都会推断他没有学好化学,而不会推断他是因受罚而不及格。最后,保显斯先生为了防止其他人动他的化学药品,惩罚了一些他明知没有过错的人。他虽然知道多数学生没有错,也知道他们中许多人并不清楚谁是肇事者,但他还是惩罚了全班学生。因此,可以指责保显斯先生做了好几件不公平的事情。在我们着手对这个争端进行某种深入的探究之前,强调一下有关学校使用惩罚的若干观念,或许是有用的。我们提供如下假想的争论。

争　论

甲：作为一名教师，我不相信惩罚。这个世界总的来说也许需要惩罚，但在学校里惩罚不能为任何教育目的服务。

乙：不，世界需要惩罚！学习者的课堂上没有秩序和平安，教育就没法进行下去。你能想象出一所学校或一个课堂没有任何支配行为的规则吗？当然不能！而如果有规则的话，肯定就有人会偶尔违反规则。如果有人违反规则，就必须有惩罚的条款，否则学生就没有理由遵守规则。对吗？

甲：于是你认为学生对惩罚的恐惧阻止了他们破坏规则。可是，你的这种想法显然与事实不符。无论惩罚有多严厉，规则都会遭到破坏，而且我们所能施加的苛罚是有限度的。此外，恐惧可能不是教学生行事得体的最佳教育方法。当惩罚的恐惧阻止不了违规时，惩罚学生还有啥好处呢？

乙：嗯，你必须惩罚违规者，给他们应得的报应。公正需要它，难道不是吗？我的意思是，如果你明知故犯，你就得接受行为的后果。这是为了学生了解生活上的重要一课，而这正是惩罚的教育目的：了解公正。

甲：但是，仅仅因为班上一个成员或一小部分成员的行为就惩罚全班学生，这公正吗？老师们似乎一直在这么干！帮助学生明白有各种各样的理由要求我们遵守规则，有些理由比另一些理由更充分、更公正，这么做岂不更有教育意义？害怕惩罚并不像尊重规则和法律那样，也不像按社会对其成员的要求行事的义务感那样，害怕惩罚并不是正当行事充足的道德理由。制定校规是为了维持适当的学习环境和安全，而不是为了惩罚学生。学生们应该明白这一点。

乙：有些校规可能是这样的，但是，学校的着装要求及类似的规则跟安全、学习或公正又有什么关系呢？我的意思是说，所有校规对于教育真的都是必不可少的吗？或者说,有些校规是不是长辈专横地强加给晚辈的呢？校规不公正实施又会怎样呢？

被假定公正的教师和管理者时常惩罚无辜者,不给他们申辩的机会,在这种情况下学生怎能了解公正？没有申诉的法庭,没有陪审团制度,没有机会去挑战权威,申辩中也没机会质疑权威和陈述自己证词,教师就直接而专制地惩罚学生。权威没有遭到质疑。公正不过是有权有势的人裁判和决定的玩意儿。

甲：听起来你现在像是站在我这一边了。看一看,学校里的惩罚是多么功能失调,多么没有教育意义！就像我开始的时候说的那样,惩罚不能为任何教育目的服务,不能以更人道的方式起到更好的作用。让我们废止惩罚,给正当行事的教授恰当的伦理理由吧！

乙：可是,你打算对违规者做什么呢？我们实际上又回到了起点！

概　念

讨论学校惩罚,讨论保显斯先生与亚历克斯事件中的惩罚,至关重要的一个核心观念是正当程序的观念。正当程序的大意是,给人以程序权,以保证对其作出的决定不武断或任性随意。如果没有证据就作决定,这样的决定就武断。没有确认有罪的充分证据,就认定某人有罪,这样做就是武断。如果不系统地作决定,或者,依据不相干的证据作决定,这样的决定就任性随意。法官给犯同样罪的人判明显不一样的刑,或者,根据发色之类的因素来判刑,这样做就任性随意。

为了防止武断或任性随意的判断,自由社会往往力主对别人作出判定的人遵循一定的程序。这些程序要求他们正视可以得到的证据,并将其判定建立在证据之上。这样的程序通常与刑事法庭有关,但在一个人有权对另一个人作决定的任何场合,这样的程序都是重要的。教师给学生打分时不认真批阅作业,对学生的测验不能精确地衡量人们期望他们学会的东西,或者,给学生打分所依据的理由与学习无关,这都违反了正当程序的重要规则。

在本教例中,可以指责保显斯先生没有遵循定罪时十分重要的各种程序。他没有给亚历克斯申辩的机会,也没有告诉亚历克斯为什么认为他有过错,以使他能够有针对性地为自己申辩。此外,他依据的是一张匿名的纸条,对写纸条的人可靠性一无所知。亚历克斯当然就没有机会与指控他的人对质了。最后,保显斯先生没有对事情进行彻底的调查。他并没有努力去查是谁写的纸条,也没有盘问其他学生,以保证能够对这起事故了解多一些。相反,他根据薄弱的旁证宣判亚历克斯有过错,并惩罚了他。

保显斯先生给亚历克斯的惩罚与其过失不相应。首先,选择这种惩罚并不是因为惩罚的严重性与过失的严重性相应。相反,选择该惩罚是出于其惩戒效果。保显斯先生并没有问问自己,亚历克斯应受何种惩罚。他问自己的是何种惩罚会防止其他学生效尤。其次,保显斯先生用分数作惩罚。值得争议的是,只有根据成绩打分才妥当,分数不宜作为惩罚学生的手段。

最后的问题是保显斯先生惩罚了无辜者。在本教例中,为了防止今后出现事故,他给全班学生布置作业,放学后留堂,尽管他知道一些学生既无引爆之过,也无知情不报之过。他决意惩罚某些他明知无辜的人,是为了给所有的人留下事故严重的深刻印象,是为了确保肇事者也受了罚。

保显斯先生能反驳这些指控为自己辩解吗?他可能会争辩说:他的某些举措令人遗憾,却是必要的。为了确认亚历克斯就是肇事者,他愿意花上几天时间对事情进行彻底的调查,但重要的是,在发生别的事情之前,这起事故在学生脑子里还有新鲜感之时,要当机立断,让学生从亚历克斯的事例中得到教益。亚历克斯很可能就是肇事者,而且,为了防止发生真正的灾难,值得冒险去惩罚某些无辜者。

对于其他方面的异议,也可以予以类似的辩解。也许分数不是最恰当的惩罚,也许惩罚全班学生有困难;不过,为了使学生铭记爆炸并不是开玩笑的事,这些举措是必要的。这是在有潜在危险的环境之中成功地给学生上了一课。保显斯先生仅仅是在认真地承担对学生安全的责任。要是他的公平感酿成了一起严重的事故,甚至可能造成某个学生的死亡,他怎能原谅自己呢?

分 析

让我们从结果论的视角来看一看这些争论。可以期望结果论者会合理考虑正当程序的观念。毕竟,合理而谨慎地作出决定,远比武断或任性随意地作出决定,更有可能造成满意的结果。与此同时,结果论者不会把正当程序规则看作绝对的。像任何规则那样,正当程序规则在不同的情境下运用,会产生不同的结果。在有的情况下,应该置之不理。如果遵守程序规则会产生潜在的危险,或者导致高度的无效,就应当修正它们,或者置之不理。公务员要为自己的决定作出辩护,这种要求有可能高到使他们无法工作。对被告做出周全的保护,有可能周全到使定罪甚至都变得困难。可能有误或有失公正的决定会造成一定的后果,需要当机立断却未立即采取行动也会造成一定的后果,我们必须在这两种后果之间进行权衡,借此来决定我们提出的各类正当程序。

如果我们要决定惩罚情况下规定的各类正当程序,就必须清楚惩罚的合意结果是什么。结果论者提出了三点意见:惩罚可以阻止受罚者及其他人做同样的事;惩罚有助于改造肇事团伙;惩罚可以把有潜在危险的人与社会隔离开来。在本教例中，我们无需考虑第三点意见。没有人会勒令亚历克斯退学，所以没有发生这样的争端。保显斯先生对于改造亚历克斯也没有特别的兴趣。他行动的关键在于防止将来发生事故。这是保显斯先生所作所为的恰当理由吗？

在此，前面两种反对结果论观点的异议还是有些力量的。保显斯先生怎么知道自身行为的后果会是什么呢？除了他的故事外，确实还有别的故事要讲。如果亚历克斯不是肇事者，真正的肇事团伙可能会壮胆再犯。其他人因为看到被抓的可能性极小也会帮忙。班级其他成员因为看到亚历克斯受到不公平的待遇，可能会疏远学校，并且更易于滋生破坏行为。即使亚历克斯是肇事者，这种情况时也可能发生。亚历克斯可能会变得更加愤怒，以至于做出某种令人不快的事情。实际上，保显斯先生的举措会有什么结果，全是推测的，其实是难以预料的。如果我们必须知道他惩罚亚历克斯所导致的结果，就必须将它们和用与之不同的举措所导致的结果进行比较，我们怎能判断保显斯的处理是否正确呢？

更糟糕的是，结果论的论证看起来难以提出令人信服的理由，说明为什么惩罚罪错者而不惩罚无辜者是对的。在本教例中，不管亚历克斯是不是肇事者，惩罚他完全可能起到惩戒的作用。我们要是完全根据惩罚的结果来评判惩罚的话，那么，只要惩罚亚历克斯就能防止其他人做类似的事情，我们又何必在乎亚历克斯是不是肇事者呢？对于这个问题，有人可能会这样回答：如果人们认为自己受罚与自己的过失无关，这样的惩罚就不可能制止他们。但是，这种回答已经离题。所要求的不是肇事者受到惩罚，而是人们相信肇事者正在受罚。似乎需要某种理由使人相信惩罚肇事者而不惩罚无辜者本质上是对的。

如果我们考虑一下惩罚的性质，也会产生类似的困难。如果惩罚的关键在于防止不当行为的话，那么，惩罚的重要性就在于它确实防止了不当行为。不幸的是，这就不要求罚与罪相符。为了防止某种小小的过失，人们很可能要求施以严厉的惩罚。也许事情不总是这样或者甚至不常是这样。但这又离题了。结果论并没有提出任何理由，说明罚为什么必须与罪相符，它反倒偶然地提供了罚为什么不必与罪相符的理由。

接下来，我们要问一问怎么从非结果论视角对惩罚进行思考。

非结果论最常见的回答坚持认为，惩罚的关键在于平衡正义的尺度（"以眼还眼"）。恶行要以对作恶者施予痛苦来矫正。正义要求邪恶受到惩罚。因此，惩罚的主要意图不在于防止人作恶（尽管非结果论者可能视之为一种附加的益处），它意在给人以报应。

视惩罚为报应，这种观点说明了为什么惩罚罪错者为对，而惩罚无辜不对。显然，罪错者没有受到惩罚，就不会得到报应。同样地，报应论说明了为什么罚必须与罪相符。如果报应超过了恶，正义的天平就失去了平衡。惩罚罪错者和罚与罪相符的重要性，说明了正当程序的重要性。毕竟，正当程序的规定让我们确信自己事实上是在以恰当的方式惩罚罪错者。

这种惩罚观与尊重人的原则是相一致的，这种主张虽然看似奇怪，而实际上可能就是如此。如果我们认为人是对自身行为负责的自由的道德主体，我们就只能惩罚做了道德上错误的事情的人。因而，可以把惩罚看成是把人视为道德主体的一种方式，看成是尊重道德主体选择自由的一种方式。如果我们将惩罚看作是人承担责任和赎罪的一种方式，那么，我们也将惩罚看成是把人当目的而不当手段对待的一种方式。最后，犯有罪错的人可能也决意赞同，道德上错误的行为应当受到惩罚，即使他们自己就是惩罚的对象。这种惩罚观因而可以满足非结果论者对普遍性的检验。

根据这种分析，保显斯先生如果依照结果论的观点，似乎能够为自己提出较为恰当的理由。结果论有利于他的理由可能不够充分，但是非结果论反对他这样做的理由似乎强劲有力。不过，我们在接受这一结论之前，应当看一看非结果论立场潜在的难题。

也许惩罚的报应论最为薄弱的一点,就是主张人们总要求通过惩罚让作恶者承受一定量的补偿性痛苦。我们为什么要相信这一主张?对这一点我们可予以更有力的陈述。报应论似乎要求我们对某种恶作出的反应是增加另一种恶。在一种伤害之上添加另一种伤害,人类怎么会进步?如果我们要惩罚作恶者,难道我们不该期望产生某种善果吗?否则,惩罚不就仅仅在这世界上无缘无故地增加痛苦吗?

我们可以用非结果论者自己的价值体系来阐述这一点。非结果论观点隐含的道德要求,是通过对人表示尊重,承认人作为目的的价值。给人以痛苦,甚至都没有产生善果,怎么能表示对人的价值的尊重?在罪错者身上施加痛苦,无法表现出对他们作为一个人的价值的尊重。

这种争论还提供了另一种方式说明非结果论者为了判断行动是否合乎伦理,往往在最后显示出对行动结果的兴趣。在不了解惩罚是否会产生善果的情况下,似乎很难决断要不要惩罚罪错者。

方法上的反思

这把我们丢到哪里去了?我们既不是要试图解决本教例的难题,也不是要试图解决隐含其中的哲学论证的难题。这需要有长期而严肃的思考。但在转向另一个争端之前,我们想看看我们认为这些讨论所指向的某些结论。

在这一点上一个貌似有理的结论是,纯粹的结果论观点和纯粹的非结果论观点都可能不成功。结果论的观点似乎能够为旨在造成善果的不道德行为辩护,非结果论的观点为了变得完全充分似乎需要考虑结果。因此,我们或许需要看一看有没有什么办法把两者的优点结合起来。

关于是否可能拥有客观的伦理知识,好像有好消息,也有坏消息。一方面,我们确实好像能够进行有意义的伦理论证,确实可能作出一些思考,支持或反对某种伦理主张。那至少表明伦理断定并不只是个人偏好的事情。如果一件事全然是个人偏好,那是难以知道如何开始对它进行一场讨论的。

另一方面,我们在解决业已提出的争论上并没有取得特别的成功。如果我们要成功地说明伦理学可以是客观的事情的话,那么,我们不但要表明更多的这类事情可以讨论,还要表明它们可以得到理性的解决。

为了使读者不过快灰心,我们想强调一下,本教例难以解决的一个原因是,我们有意使它尽可能在道德上模棱两可。模棱两可使得这个教例趣味横生,成为好的教学工具。它有困难之处,并不表明道德争端不可解决,或者,在伦理学上我们不会有任何进展。假如我们构建了一个保显斯先生惩罚无辜的教例,但缺少现行教例的复杂性,我们相信几乎每个人都会同意他的做法有失公正。而且,我们认为,这个结论既可以用结果论的方式,也可以用非结果论的方式,成功地予以论证。我们还相信,我们能够用所讨论的材料向你表明,学校中某些司空见惯的做法,诸如因为少数人的行径而处罚全班学生的做法,在道德上是错误的。本教例以及我们将要向你展示的其他教例,是名副其实的难案,它们包含道德原则之间的冲突。不过,并非所有的事件都是难案。其实,在我们日复一日的生活中,大部分事例都不是难案。我们现实生活中的许多道德两难问题也许都可以通过道德反思加以解决。

附带说明一下,所呈现的许多论证不仅诉诸理性,而且诉诸某种使我们正确行事的直觉。从直觉上说,惩罚无辜似乎是错的,即使这样做会产生好的结果;如果惩罚罪错者没有取得任何好的结果的话,这样的惩罚似乎也是错的。这些直觉已被当作检验各种伦理学说的一种依据。

这是一种合理的策略吗?回答这个问题时,重要的是要知道我们伦理直觉的来源是什么。我们具备某种与生俱来必须努力完全明确地表达出来的正义感吗？

我们即使不能定义某个词，也知道该词的恰当用法。与之类似，我们在不能阐明对的事情背后的道德原则时，就知道什么是对的事情吗？也许上天赋予了我们对正确行为之性质的洞察力。或者，我们的道德直觉也许是通过训练——好比说我们文化的声音在我们耳边呢喃——形成的。

这些思想在我们的探究中依然不能提供很多的帮助。但是，在我们转向关于心智自由的争端时，值得把它们记在心上。在继续讨论下去之前，你和你的班级可能想思考其他有关惩罚与正当程序的教例，以取得对这个敏感领域的另外见解。

补充教例

一个即将毕业的高中生

南茜·史密斯是一所主日学校的高年级毕业班学生。该校位于西北部地区，是一所有良好基础的私立学校。南茜出身于富裕家庭，她刚刚获得一所常青藤联盟大学的入学资格。南茜本质上可能是个好女孩，但双亲的压力把她变成了一个鬼鬼祟祟诡计多端的学生。在她的整个高中生涯中，老师们都抱怨过她不老实，还爱摆布人。尽管没有老师愿意给南茜写热情洋溢的大学推荐信，她还是如愿以偿，去了她向往的大学。她多次抱怨她的期末等第，甚至质疑老师们的判断力。

高中的最后一个学期，南茜选修了一门英语课，却很少做作业。她的老师黛安·雅克布斯注意到南茜经常逃课，却因为种种原因得到了她母亲的谅解。雅克布斯女士怀疑南茜没有阅读这门课程的核心读物《傲慢与偏见》。南茜却提交了一篇期末论文，对《傲慢与偏见》与但丁的《地狱》进行了比较。根据英语系各位老师的意见,这篇论文可以自豪地提交给毕业生研讨会了。雅克布斯小姐认定南茜写不了这篇论文。她要么得到了大量的帮助,要么抄袭了一些信息,甚至全文都是剽窃来的。无论如何,整个英语系都认定南茜不可能写出这篇论文。他们中的许多人都曾在其他的课程上教过南茜,有的以前就指控过她抄袭。南茜的论文中有很多对《傲慢与偏见》和《地狱》的脚注,可通篇都没有参考其他资料。

雅克布斯小姐和南茜已经面谈了几次。其中一次,雅克布斯小姐让南茜做了一项与她自己论文相关的测试,要求她对论文当中的某些表述作出解释,并且回答几个有关《傲慢与偏见》的简单的事实性问题。她的回答非常糟糕,这也再次证实了雅克布斯小姐的怀疑——南茜没有读过这本书,这篇文章也不是她写的。更令人惊讶的是,测试表明南茜很可能也没有读过《地狱》。尽管南茜有几次机会坦白论文的来源,但她只提到自己曾经跟姐姐的未婚夫——一个大学生——有过一些讨论。她似乎不愿意承认自己得到过任何其他帮助。

雅克布斯小姐和英语系把这件事情反映到校长菲茨杰拉德先生那里。他们清清楚楚地摆明事实,并且要求校长采取行动。他们建议不让南茜毕业,但她可以在暑假中补修这门课程,顺利修完成课程之后,在晚些时候毕业。菲茨杰拉德先生审查了这个案子,他记得南茜在这所主日学校里做了13年的学生。他还提醒他自己,史密斯夫人不久前刚刚被选进校董会。无需提醒他也记得,史密斯家极其富有,他们可能在学校的未来发展中作出重要贡献。在能够为学校提供帮助的情况下,菲茨杰拉德先生是不想得罪史密斯家族的,但是他也不想因此而疏远老师们。他该怎么办呢?

若干问题

1. 你认为这个教例遵循正当程序吗?

2. 你认为教师建议的惩罚与学生的过错相符吗？假设其他学生听说了南茜的事情，这样的情况会给菲茨杰拉德先生的决定造成压力吗？

3. 在现实生活当中有钱有势的人难免会得到特殊照顾。正如本教例，尽管这不公平，但它却给整个学校带来了利益最大化。从现实出发，你认为道德上容许这样的照顾吗？你能举出一个支持这种观点的例子吗？基于什么理由，即使在最有说服力的事例当中，你都会反对这样的照顾？

嘭！零容忍

那是一支枪，一支真枪。詹姆斯把一支枪带到了学校。海斯顿女士怎么也不能相信。詹姆斯是一个羞涩的孩子，他看起来和每一个人都能处得来。很难把他想象成黑帮成员或者毒品交易者。他是一个不错的四年级男孩，除此之外难以想象他还能是什么。他携带枪支究竟想要干什么呢？可这就是事实。海斯顿女士看到了他夹克下面有个鼓鼓的东西，他拒绝脱掉夹克。她便问他衣服下面有什么。詹姆斯并不善于掩藏武器，他武器拿出来，放在她的桌子上。那是一把真枪，是他从他父亲镜橱的抽屉里拿出来的。

感谢上帝，枪里没装子弹。詹姆斯并没有打算朝谁开枪。事实上，他在带枪到学校之前，已经小心翼翼地从枪里取出了所有的子弹。但很显然他想用枪来吓唬某个人。海斯顿女士从他那里一点一点地得知了事情的来龙去脉。每天放学后，有两个大男孩都会拦住他，向他要钱。如果他不给，他们就抢。如果他没有钱，他们就会挥拳揍他，推他挤他。詹姆斯只带午饭钱上学。为了给他们钱，他只好不吃午饭。"詹姆斯，为什么不告诉我这事呢？"海斯顿女士问道，"为什么不告诉你父母呢？"詹姆斯耸耸肩膀。"我不认为你能做什么，"他说，"如果你试图保护我，他们之后也会捉住我，伤我伤得更重。你能一直保护我吗？你打算把他们送进监狱吗？"他的观点很好理解。学校并不能妥善处置欺负行为。海斯顿女士心下猜测这把枪的要点并不在于吓唬那些欺负人的孩子,而是要使学校认真对待他的难题。他在这一点上或许会成功。

可是,詹姆斯并不了解学区的零容忍政策。在如何处置詹姆斯这个问题上,无论是海斯顿女士,还是学校校长,都没有自由裁量权。她会把詹姆斯带到校长办公室,校长又会叫来警察。詹姆斯会出席少年法庭的听证会。他还会被开除,被安置到一个"备择项目"中。海斯顿女士不知道少年法庭对詹姆斯所犯的事有没有自由裁量权,但学校对此别无选择。这就是零容忍政策的意思——没有自由裁量权,不考虑情节。根本不会跟詹姆斯的父母讨论怎样做才对詹姆斯最有利,也根本不会讨论那些决定对詹姆斯所产生的教育效果。零容忍政策是本州法律依据联邦立法要求颁布的。詹姆斯就要度过一段艰难时光。

除非海斯顿女士能够自己悄悄地处理这件事,或者她能够努力说服校长替詹姆斯考虑而忽略这件事情。不,她不能这样做。忽略枪支事件是违法的。如果对零容忍政策置之不理,她就得对此自负其责。为什么她、校长还有孩子的家长就不可以坐下来共同决定该如何去做呢?难道这不是这类难题所应采取的解决之道吗?

若干问题

1. 教师和管理者常常主张在这类事件中要有自由裁量权,以使他们能够考虑减轻处罚的情节,以使他们能够照顾到儿童的最佳利益。这些能不能成为给他们增加自由裁量权的合理理由呢?人们可能会怎样去运用这样的自由裁量权呢?

2. 下面是针对零容忍政策的两种论证:

1) 我们需要发出不容忍毒品和枪支的信息。严惩不贷和无一例外就在于发出这种信息。孩子们会听进去的。让教育工作者会同家长们处理这种事情,所传达的信息是孩子们携带毒品和枪支进学校可以逃避惩罚。

2) 教育工作者既自利①,又心软。他们应该拥有对适当处罚的自由裁量权,这种说法很动听。可是,这种自由裁量权总是更方便他们从轻发落小孩子,教育工作者总是认为孩子们需要再多一次机会。我们需要像对待那些对犯罪行为太软的法官那样对待教育工作者——剥夺他们的自由裁量权,让他们实施严厉的处罚。

上述两种论证都是充分的论证吗?

3. 海斯顿女士违法保护詹姆斯,这在道德上允许么?

4. 相对于詹姆斯的罪错来说,开除是一种公平的处罚么?

5. 假定开除对詹姆斯不公平,可是严厉的零容忍政策确实减少了枪击事件和毒品使用,那能为执行该政策辩护么?

进一步探究

1. American Civil Liberties Union. http://www.aclu.org/studentsrights/dueprocess/index.html

   "美国公民自由联盟"是一个民权组织。此链接把你带进一个关注学生权利和正当程序的主页。

2. Ezorsky, Gertrude, ed. *Philosophical Perspectives on Punishment*. Albany: State University of New York Press, 1972.

---

① "自利(self-serving)"或"自利偏误(self-serving bias)"是心理学归因理论中的一个概念,指个体倾向于将成功归功于个人努力或能力等内在因素,而将失败归咎于运气或困难等外在因素。教师通常把学生的不良行为或过错看成是外在因素所致,而非学生本人的错,因此主张给犯有过错的学生以改正的机会,而不主张惩罚他们。正是在这个意义上文中说"教师是自利的"。——译注

一本有用的论文集，收集了关于惩罚伦理的古典和现代论文。

3. Fischer, Louis, David Schimmel, and Leslie R. Stellman. *Teachers and the Law*. 6th ed. Boston: Allyn and Bacon, 2003, Chapter 12.

    讨论关于教师和学生的正当程序的法律。

4. *Goss v. Lopez* 419 U. S. 565 (1975).

    http://www.law.cornell.edu/supct/html/historics/USSC_CR_0419_0565_ZS.html

    最高法院有关正当程序和学生纪律的判例。这个链接带你去康奈尔大学法律信息研究所，它是一个可以获得最高法院案例和法律信息的有用资源。

5. Kirp, David. "Proceduralism and Bureaucracy". *Stanford Law Review* 84 (1976): 859-64

    有人断言正当程序的法律保护过度地限制了教师和管理者自由裁量权，这是一篇有关此断言的讨论。

6. Murtagh, Kevin, "Punishment." *The Internet Encyclopedia of Philosophy* (2006), http://www.iep.utm.edu/p/punishment.htm.

    此文出色地总结了有关惩罚的各种伦理观点。

7. Strike, K. with Soltis J. (1986). Who broke the fish tank? And other ethical dilemmas. *Instructor*, 95: 5, 36-39.

    探讨群体惩罚伦理。

（余秀兰　译）

第 3 章

心智自由

全美教育协会《教育专业伦理规范》第二组陈述要求教育工作者

1. 不得无故压制学生求学中的独立行动。
2. 不得无故阻止学生接触各种不同观点。
3. 不得故意隐瞒或歪曲与学生进步有关的材料。

可见,学生被赋予某种心智开放权。学生为什么被赋予某种智力开放权呢?这究竟是一种什么类型的心智开放呢?

一则供思考的教例

莱恩先生再一次看了一遍这篇文章的版面校样。埃迪·夏刘披简直就是个天才作家。莱恩先生困惑的是,像埃迪这样对词汇如此敏感的人,怎么会对人缺乏如此的敏感性。

眼下这篇文章是埃迪给学校文学杂志《春野高中奥德赛》投的一篇稿子。莱恩先生是这份杂志的指导老师。

莱恩先生不得不承认,埃迪的文章写得十分精彩。文章写得太好了,以至于莱恩先生几乎怀疑它不是真的。许多学生也会有同样的感觉。不幸的是,正因为写得好,人人都不会错认文中的主人公。埃迪把他们的言谈举止描写得惟妙惟肖,所以,即使用了虚构的名字和地点也蒙不了任何人。

这个故事叙述的是关于一位名叫休·克罗斯的高中生被一位名叫亚历山大·韦尔斯的工艺课教师诱奸的事情。文章用了很大的篇幅分析休出事后的情感。埃迪把她的悲痛欲绝、借酒浇愁描写得淋漓尽致。此外,他还把韦尔斯描写成一个毫无顾忌伤害别人的粗野的乡巴佬。连莱恩先生都希望自己有埃迪的天分。

埃迪的故事并不是没有一点济世的价值。埃迪把有关青少年性征的一些有趣而健全的主题编织进了他的故事之中。而且,他对堕胎有一些重要的话要说。这个故事蕴含的思想值得深思。

不幸的是,不会有人看不出虚构的韦尔斯先生和春野高中真实的体育教师约翰·沃特斯之间的相似性,也不会有人看不出休·克罗斯和贝思·斯特雷特之间的相似性。春野是所很小的学校,大家彼此相识。

莱恩先生发现难以对沃特斯表示过多的同情。他是一个粗野的乡巴佬。但是,说沃特斯侵犯女生却是可疑的。他不是那种傻瓜,而且,他看上去并不是那种在校外缺少女性陪伴的人。实际上,他名声不错。但是,众所周知他喜欢羞辱学生身体不够健壮。大家不太知道的是,他对同事粗鲁无礼。沃特斯先生身材健美,他会用各种各样的方式告诉别人,无论是学生,还是学校教职工,肌肉是生命中重要的东西,而他们分明就是劣种。

是的,莱恩先生明白埃迪为什么不喜欢沃特斯先生。他和埃迪有同感。埃迪并不强壮。毫无疑问,他在沃特斯先生那里遇到过痛苦尴尬的时候。其实,莱恩先生猜测,这也许可以解释埃迪的故事。这很可能是一起报复。

他真正关心的是贝思。他花了好一会儿才明白埃迪为什么选中她。莱恩先生实在想不出在他遇到过的人中有谁比她更好的了。那不是因为她特别受欢迎，或者特别吸引人，而是因为她是最和善、最温柔的人之一。认识她的人，个个都认为她很好。埃迪会怨恨她，几乎让人无法想象。可是，当然，那恰恰就是她被选中的原因。还有什么比让贝思做沃斯特先生加害的对象更能反衬出他的坏呢？

莱恩先生确信埃迪没有考虑过他的故事可能对贝思的伤害。有些学生宁信其有；即使他们不相信，这个故事也不会马上被人遗忘。贝思今后两年都要带着这种羞辱过下去。这样说来，这个故事确实十分残酷。

莱恩先生曾经试图向埃迪解释这一点，但埃迪根本无法领会这篇文章可能伤害人。莱恩先生发现埃迪让人费解。他天资聪慧，却饱受折磨；才华横溢，却不成熟。埃迪一心想要报复，却没去想这可能会让贝思付出巨大代价。

不幸的是，埃迪不但文章写得好，政治上也很敏感。他猜想莱恩先生可能会拒绝发表他的故事，所以准备了一大堆有关出版自由和学生权利的理由来见莱恩先生。讨论中，他甚至设法做出会请律师和进行诉讼的暗示。莱恩先生不得不佩服埃迪拐弯抹角威胁他的本事。

莱恩先生并不想审查埃迪的故事。他是个新闻写作教师，对审查制度深恶痛绝。他原本希望能够说服埃迪对事情负责。对于埃迪来说，修改一下自己的故事，使其主人公同真实人物的关系不要那么明显，这并不难。指导老师的作用就是教和提出建议，而不是审查。莱恩先生也不希望请律师。如果他决定审查埃迪的故事，他就推想事前他得核实这件事，但是他想先从好处着想。

他该拒绝刊发埃迪的故事吗？他以前从来没有审查过学生发表的作品。此前，他认为没有什么情况需要他审核。但是，如果不审查，贝思就会遭受莫须有的羞辱。他能容许事情这样发生吗？莱恩先生决定把它搁一搁，也许明天他的责任会更加清晰。

争 论

甲：在自由社会中，言论自由是基本而不可侵犯的权利。不能压制人们的言论，或者宣布其为非法。

乙：如果真是那样，又如何看待反对诽谤的法律呢？我们制定这些法律，无疑是为了保护人们免受不公正的公开的人格诽谤。

甲：那不一样。我的意思是人们可以自由谈论任何不会对他人造成伤害的事情。

乙：谁来判断是否会有伤害？总之，啥才算是"伤害"？革命思想对现状有害吗？在性方面的露骨语言会伤害读者或听众吗？不加掩饰地告诉某些人关于他们自身的真相有没有害处呢？

甲：我不知道。我只知道，言论自由的假设对于思想开放和真相公开是必不可少的。我们有必要使人们可以接触各种观点，以使最好的观点脱颖而出。压制思想和意见，是封闭社会的特点。

乙：可是我们学校的图书馆并不收藏色情小说，学校也不允许使用隐含种族主义或反对女权主义的教科书。在当今社会，我们显然相信为了他人利益的审查，不允许无限制的自由表达。我们确实压制了某些意见和观点。

甲：看起来似乎是那样，但是，假如人们以那种方式违背言论自由的原则，那么有什么可以阻止人们利用一个合适的且具有保护作用的借口去压制某篇文章的出版吗？

乙：我认为没有，假如你有足够的说服力。言论自由并不是一旦你有例外就可以停止的，对不对？

甲：对的。我仍然认为言论自由是自由社会不可或缺的，但我不知道怎样为它辩护。

概　念

让我们来看看这样一些概念。这些概念被用于为心智自由辩护，并且与这场辩论及莱恩先生和埃迪的事例都相关。

首先，我们要花点时间检验一下约翰·斯图亚特·穆勒在其经典著作《论自由》中表达的观点。穆勒在下文中对他所谓意见自由的论证进行总结：

第一点，若有什么意见被迫缄默下去，据我们所能确知，那个意见却可能是真确的。否认这一点，就是假定了我们自己的不可能错误性。

第二点，纵使被迫缄默的意见是一个错误，它也可能，而且通常总是，含有部分真理；而另一方面，任何题目上的普遍意见亦即得势意见也难得是或者从不是全部真理：既然如此，所以只有借敌对意见的冲突才能使所遗真理有机会得到补足。

第三点，即使公认的意见不仅是真理而且是全部真理，若不容它去遭受而且实际遭受到猛烈而认真的争议，那么接受者多数之抱持这个意见就像抱持一个偏见那样，对于它的理性根据就很少领会或感认。不仅如此，而且，第四点，教义的意义本身也会有丧失或减弱并且失去其对品性行为的重大作用的危险，因为教条已变成仅仅在形式上宣称的东西，对于致善是无效力的，它妨碍着去寻求根据，并且还阻挡着任何真实的、有感于衷的信念从理性或亲身经验中生长出来。[1]

---

[1] John Stuart Mill, *On Liberty*. Indianaplois, Ind.：Bobbs-Merrill, 1956, p. 64.

穆勒在这段话里对有时称作"观念市场"的东西进行了论证。其中心论点是：真理是通过公开批评和公众辩论获得的，或者说，真理是用公开批评和公众辩论的手段来追求的。如果要追求真理，改进思想观念，就要有自由言论和出版自由之类的制度。对某个观点进行审查，就是拒不给人以机会去思考这种观念，去检验自己与之相反的见解，从而达到学习的目的。况且，不容辩驳的观念会萎缩。坚持不容辩驳的观念的人首先会丧失对这些观念的理性感，最终会失去这些观念的意义。不容辩驳的观念因而退化为毫无意义的陈词滥调。

值得注意的是，穆勒这里基本上是在说社会观念得以检验、提炼和补充的社会过程。不过，穆勒也论证了自由对于个人成长的重要性。

思考一下下面这段话：

> 凡是听凭世界或者他自己所属的一部分世界代替自己选定生活方案的人，除需要一个人猿般的模仿力外便不需要任何其他能力。可是要由自己选定生活方案的人就要使用他的一切能力了。他必须使用观察力去看，使用推论力和判断力去预测，使用活动力去搜集为作决定之用的各项材料，然后使用思辨力去作出决定，而在作出决定之后还必须使用毅力和自制力去坚持自己的考虑周详的决定。他需要和运用那些属性，是随着其行为当中按照自己的判断和情感来决定的部分之增大而与之恰正相应的。①

穆勒的观点看似简单，却令人信服。个人的成长需要自由，没有机会自己作决定的人，同样也没有机会发展成功作出决定的能力。个人能力需要实践。如果我们否认人们自己作决定的权利，就否认他们成长的权利。

---

① John Stuart Mill, *On Liberty*. Indianaplois, Ind.：Bobbs-Merrill, 1956, pp. 71－72.

这些论据强烈反对对埃迪的故事进行审查。这样做会干预自由的观念市场，会把自己的真伪判断强加于信息的自由交换过程。而正是因为存在信息的自由交换，人们才能够自己作决定。姑且承认这个教例中有人因为这则故事的发表而受伤害。可是，审查者总是争辩说他们的审查制度防止了某种更大的恶。接受那种观点，就是承认这样一条原则：有权有势的人有权把他们对于何为善或何为真的观点强加于人，只要他们认为这样做是最好的。大多数审查者难道不是相信自己在做好事吗？此外，审查埃迪的故事，埃迪就失去了对自己负责或者从错误中成长的机会。穆勒提供的这些对自由的论证，似乎直接适用于本教例。

然而，在宣判埃迪获胜之前，我们应该先思考一下穆勒的另一个评论。他先向读者阐明自己的自由观之后，增加了如下的限定：

> 或许无须多加说明，这条教义只适用于能力已达成熟的人类。我们不是在论幼童，或是在论尚在法定成年男女以下的青年。对于尚处在需要他人加以照管的状态的人们，对他们自己的行动也须加以防御，正如对外来的伤害须加以防御一样。[1]

穆勒在此宣称，他为成人据理力争的这种权利，并不适用于儿童，不适用于其他在法律上被认为没有责任能力的人。为什么？一般来说，自由对儿童的后果与自由对成人的后果不一样。在上述引文里，穆勒强调儿童需要得到保护，以使他们免受自身行为的伤害。就评估自身行为的后果和意义的程度而言，儿童大概不同于成年人。因此，他们需要保护，以防范他们自身行为带来的伤害性的和无法预见的后果。尽管穆勒并没有这么说，但是，对于我们来说，如下假设是合理的：

---

[1] John Stuart Mill, *On Liberty*. Indianaplois, Ind.: Bobbs-Merrill, 1956, p. 21.

他会认为,其他人同样应当受到保护,以防范其不成熟的行为。

另外,穆勒指出,正常情况下自由所产生的利益,未成年人得不到,他们尚无能力从自由而平等的讨论中获益。穆勒得出的结论是,假使目的在于未成年人自身的改善,也许就可以干预他们的自由。

因此,本教例还有另一面。有人可能会争辩说:埃迪的不成熟,使他没有资格完全享有自由发表的权利。埃迪尚不成熟,理解不了自己的故事可能对贝思造成的全部影响。而且,在本教例中,源于自由的各种益处是否能够真正实现,这一点很可疑。埃迪的故事不可能引起春野高中学生们更好地理解人类的感情和情绪。相反,更有可能的是,这则故事会把他们引入到对沃特斯先生及贝思的许多不堪的闲话和猜疑中。这很难被看成是一例人们借助自由而平等讨论去追求真理的个案。

埃迪也未必会从自己的错误中学习。也许他会,但人们也容易相信,如果他愿意从自己的错误中学习的话,他就会愿意莱恩先生阻止他做错事。人们也不难想象到,埃迪会因为发表自己的故事而受伤害。当然许多学生肯定会对他如此对待贝思感到愤怒。如果埃迪连沃特斯先生的讽刺挖苦也应付不了,他会怎么应付许多同伴对自己的厌弃呢?从长远来看,发表他的故事可能会给埃迪带来极大的打击。

重要的是要弄清楚穆勒的论证会得出什么样的结论。穆勒并没有断言儿童永远不要从讨论中学习,他也没有争辩说永远不允许他们从自己作决定中学习。他的意思并不是说儿童在他们所做的每一件事情上都需要成年人事无巨细的控制,而是说允许成年人为了儿童的利益而限制其自由范围,但如果是为了成年人的利益的话,这样的家长作风就不容许。成年人有自由的权利,他们不能为了自己的利益而干涉别人。成年人如果认为自由有助于儿童的利益,就要给他们自由。鉴于这种观点,莱恩先生必须提出的问题,并不是埃迪有没有权利不管结果如何都发表自己的故事,而是允许埃迪发表这则故事的后果是不是好过审查这则故事的后果。哪种决定将最好地促进春野高中学生的成长呢?

分　析

穆勒的观点显然是一种结果论的观点。它建立在利益最大化原则的基础上。实际上,穆勒在其文章中清楚地表明要以功用主义作为依据为自由辩护。他试图展示自由有助于最大多数人获得最大的善。在很大程度上,他为言论自由和出版自由辩护的力量,有赖于"观念之功用取决于它的真实性"这种主张。简而言之,真理比谬论更有助于幸福。

同理,穆勒否认"官能尚未成熟者"的自由也是一种结果论观点。成人的自由有别于儿童的自由,原因在于把自由分别扩展到成人和儿童之后所带来的结果不同。

穆勒观点的缺陷就是一般意义上的结果论观点的缺陷。为了知道怎么办,我们必须知道自身行动的后果。可是,我们当中有谁真正清楚允许埃迪发表他的故事会有怎样的后果呢？还有,我们要怎样来评判审查的结果？

由于可能出现不如意的后果,穆勒愿意允许他的自由原则在牵扯到儿童的时候出现例外。不管我们赞同与否,都应该考虑到这种观点可能不只适用于儿童,还有更广的适用性。例如,在20世纪80年代中期,媒体广泛报道了有人在无需医生处方亦可出售的常用药物中掺杂有毒物质。媒体对这起事件的广泛报道产生了几个仿效者,并且最终在防撕包装的成本上花掉消费者上百万美元。这些具有广泛公共性的后果是大可预见到的,类似的例子不胜枚举。此外,事件本身也是地方性的,正如报道显示的那样,它几乎就没有新闻价值。在公开报道之前,其他地方发生类似事件的可能性极小。新闻报道的范围,是由他们能够卖出多少份报纸和电视广告时间的野心决定的,而不是由他们要报道意义多么重大的新闻所决定的。简言之,一个案子会被炒作,新闻媒体行事不负责任,把该事故变成新闻报道出来。

大量的例证表明自由出版似乎根本就不为自由的观念市场服务,而是为商业利益服务,其方式往往造成真正的伤害。许多父母把电视机当作小保姆,结果学龄前儿童往往是在肥皂剧的陪伴下长大的。有一种观点认为当前的肥皂剧提供了一种重要的早期家庭关系模式,在我看来这简直骇人听闻。大家可以继续胡闹下去。

自由言论权的滥用和误用,是不是给审查制度找到了存在的理由呢?结果论者不会坚定地说"是"。不过,值得注意的是,说"是"的诱惑伴随于为这种决断辩护的论证结构。利益最大化原则诱使人们说,自由要是有令人满意的结果就是好的,否则就不好。结果论的思维方式对于自由可能是一种威胁。穆勒对自由所带来的令人满意的结果极为乐观,至少对于成人的影响是如此。假如穆勒错了,那么我们会因为自由有不同于穆勒所设想的后果而放弃多少自由呢?

考虑一下一个更具想象力但也许更有说服力的范例。假设在将来某个时候,一群科学家宣布,他们发现了一种使人无限幸福而且永远幸福的方法。人们要做的就是把自己托付给医院,医生会在他们大脑里植入电极,从而有规律地刺激他们的快乐中枢。由于他们无忧无虑只感受到自己的快乐,他们会要求静脉进食,会被限制在病床上度过他们的余生。但人们无需在意这点,因为这个维持系统是自动调节的,几乎万无一失。

政府得知这项计划之后立即计算了一下平均效用,并且决定,既然这项计划可以使每个人的幸福最大化,那就要强制推行,不许大家拒绝接受自己的终极幸福。

其道德意义在于,无限制地强调利益最大化(事实果真如此的话)不但会导致对自由选择这一基本权利的否定,还会导致用幸福取代成长。假使无知果真幸福,结果论者就愿意选择幸福。

在这个论题上,穆勒表达了恰当的意见:

> 做一个不满足的人胜过做一头心满意足的猪;做不满足的苏格拉底胜过做一个心满意足的傻瓜。万一傻瓜或猪有不同的意见,那是因为他们只知道自己那个方面的问题。而与之比较的另一方即苏格拉底之类的人则对双方的问题都很了解。[1]

这是一种正确的思想。困难在于,难以用功用主义的论点为之辩护。因此,可能另有理由把自由和人的成长的价值看得高于幸福。

让我们从非结果论的视角来看一看这一争端。回想一下非结果论,此说许多观点的核心主张就是人具有价值,因为人是道德主体。人是对自己及自己的行为负责的道德主体,这个主张对于这些争端有很多话要说。

最重要的是,非结果论为自由提供了一种理由。如果人们认为自己是道德的主体,对自己的行为负责,他们就必须主张按自己的选择行事的权利。否定一个人的自由,就是否定此人作为道德主体的机会,就不能表现出对此人尊严和价值的尊重。认为自己的所作所为最终由自己负责的人,不会容许自己的选择受到武断的干涉。他们也不愿意干涉别人的选择。只有在别人干涉自己的自由时,他们才会抑制别人。但在一般情况下,他们会坚持自己享有与他人等量自由相一致的最大限度的自由。

对于自由言论和自由出版之类的基本权利,也可以从这个视角予以辩护。自

---

[1] John Stuart Mill, *Utilitarianism*, reprinted in The Utilitarianism. New York: Doubleday, 1961, p. 410.

认为会对自己行为负责的人,也会要求获得做出负责任的选择所需要的条件。他们会主张被赋予与抉择相关的信息,并且希望有机会同别人进行讨论和争论。鉴于社会把人视为负责任的道德主体,那么,自由言论和自由出版便是社会的基本组成部分。

个人成长也是道德责任的重要成分。将自己视为负责任的道德主体的人,将会珍视自己的才能。能做出负责任的决定,不仅是由于主体可以自由地获取信息,而且也是源于主体的智慧和运用信息的能力。因此,道德主体必须重视自身作出负责任的判断的能力,并且因此重视自身的成长。

这样的人不但会珍视自己的自由和成长,而且不愿意用自己的自由和成长去跟自己的幸福作交易。相信自己会对自己所作所为负责的人,确实不愿意用自己的自由从别人那里换取某种好处,因为这会导致他们被迫去做与自己的道德义务相悖的事情。第二次世界大战之后纽伦堡审判的部分哲学基础,就是关于道德主体对于自己被要求去做的事情不能逃脱评价责任的洞见。服从命令绝不是道德主体作恶的借口。

这种观点是不是可以给莱恩先生怎么处置埃迪的故事一点启发呢?有人可能会说是的。上述非结果论观点似乎将自由置于道德生活更加中心的位置,并且阻止我们因为限制别人的自由可以获得更好的结果就去限制别人的自由。如此说来,莱恩先生应该让埃迪发表自己的故事。可是,如果我们把这种绝对命令运用到不成熟的人身上,会发生什么事呢?

如果有人问我们是否愿意把干涉别人的选择变成一条普遍的人类行为规则,绝大多数人想必都会拒绝。几乎就没人愿意将这种规则运用到自己身上。我们不愿意受到干涉;因此,普遍性要求我们不干涉别人。可是,假设我们反过来问,有没有我们可能愿意受到干涉的情况。我们可能会做出不同的回答。

如果我们的判断力受损,大多数人都会愿意受到干涉。如我们梦游,就要从楼梯上掉下来,这种情况下我们希望受到干涉。如果我们酩酊大醉,准备在高速公路上飞车,我们愿意受到干涉。或者,如果出于某种原因我们一时精神错乱要杀人,我们愿意受到干涉。

道德主体恰恰会愿意在自己不能够作为道德主体行事的情况下受到别人的干涉。能力是做出负责任的选择的前提条件。而在这种情况下,我们希望受到别人的干涉:事后我们可能会说,要是我们管得住自己,要是我们知道自己在干什么,我们就会做别的事情。这种对别人的选择所进行的干预,和同等尊重他人是一致的。回想一下这个暗示:埃迪可能最终会希望莱恩先生拒绝发表这则故事。这个想法现在应该具有新的意义了。若干年后,难道埃迪不会逐渐认识到自己曾经的不成熟以及对于自己报复沃特斯先生的行为的考虑不周全所产生的影响吗?

成熟度依然是相关考量,但它以不一样的方式变得相关。现在有争议的问题是,埃迪是不是成熟到了足以对自己的行为承担责任?检验人们对这个问题的见解的好办法,也许是问一问我们谈论埃迪行为的后果时,愿不愿意把他当作负责任的成年人来对待。如果他的故事是诽谤性的,我们愿意把他当作成年人来起诉他吗?如果我们迟疑不决,那就是我们吃不准是不是真的确信埃迪完全能够对自己的选择负责的原因。

基于尊重人原则的非结果主义论证也并不是没有难题。它和结果主义的分析一样,具有共同的难处——成熟的概念模糊不清。人不是简单地成熟或不成熟。成熟是一种多方面的情形,经过长时间才能获得。任何试图给出法律定义的尝试,都将会导致在边界不明的领域上划出一道清晰的界线。这本身就是武断的。但是,对于非结果论者来说,这个问题更为严重。结果论者必须询问让此人此时作此决定的后果。这些问题并不总是容易回答,但是问题是在可能有与答案有关的事实的背景下提出来的。非结果论者必须提出一个更难的问题。他们必须决断某人有没有足够的能力得到负责任的道德主体的待遇。我们的社会对犯罪行为进行精神错乱的免罪辩护有相当大的困难,这种困难显示了其中各种令人望而却步的难题。难以想象怎么去决断多大的能力才是足够的能力。

最后,对于尊重人的绝对强调是一切非结果论观点普遍的困难。它使后果变得无足轻重。如果我们认定埃迪要对自己的行为负责,是否必须得出结论说发表他的故事对贝思所产生的影响是不相干的呢?如果能够找到一种平衡埃迪应该具有负责任的道德主体享有的权利与贝思应该具有不受到羞辱的权利的办法,不是更好吗?非结果论的观点在解释行为的结果何以与其道德评价相关上似乎缺少办法。然而,那看起来是违反直觉的。

方法上的反思

让我们用如下评论总结一下这场讨论。

1. 首先要指出,这场争论不但与我们怎么看待审查制度与心智自由的争端有关,而且与我们怎么看待教育的基本目标有关。结果论者会把教育看成是促进善的手段,不论他们把善看成是什么。如果认为善就是幸福或成功,那么,结果论者就会从根本上把教育看成是促进幸福和成功的手段。因此,结果论者可能对教育目的持有一种相当功利的观点。他们会把人的成长当作别的某种东西的手段,当作促进最大多数人的最大利益的手段。然而,非结果论者却把教育视为道德主体的先决条件。它为培养有能力的而且有道德责任的人服务。学生将受到鼓励去负责任地决定自己会成为什么样的人,以及怎样与人相处。教育将会成为创造人的事业。
2. 这种对于自由的论证,不像先前对于惩罚的论证。两种道德学说似乎都不赞同一种选择高于另一种。看上去明显的是，保显斯先生如果要为自己辩护的话，就不得不依赖结果论的论证。可在本教例中，莱恩先生通过这两种学说的论证，都可能作出审查或不审查的决定。两种道德学说都为自由提供了强有力的论证，并且，对于该不该把自由扩大到儿童身上，两者都考虑了成熟的标准。最后，两种学说都提出了理由，去解释自由何以是有教育意义环境的一个重要组成部分。

然而，我们不能得出结论说，我们的论证方式或者我们所作的决断是一种中性的东西。这两种思维方式的基本价值观——教育价值观——是各不相同的。况且，正如我们希望想象中的未来社会所显示的那样，这些观点在某些情形下会造成显著的差别。我们该不该愿意用道德自主来换取幸福，有时并不是个小问题。它们并不总是并行不悖的。

3. 就像前一个教例，我们在这里并没有解决这个难题，而且我们经常求助于读者的道德直觉，来检验各种对大家似乎觉得对的事情提出反对意见的道德学说。结果并不是结论性的。但我们所做的不只会检验各种与直觉的道德判断相对立的道德学说。我们的审议还会影响到那些曾经的道德直觉。这种分析如果成功的话，有时就会提示一种看待问题的新方式，或者表明某种不容置疑的东西隐含其中。因此，道德理论和道德分析不但受到了道德直觉的检验，而且主动重构了我们的道德直觉，甚至可能改变了我们的道德直觉。这是另一个需要铭记在心的有关道德反思之性质的证据。尽管不是结论性的成果，但这种分析的过程对于我们的思维和道德判断并不是一点推动作用都没有。

在继续下一章之前，你可能想考查一下一些补充的教例。第一个教例"审查制度?"适用于角色扮演，并且形成一种对捍卫自由提出诚挚挑战的移情理解。第二个教例"可能性的选择"，提出了对教师自由言论进行限制的问题。

补充教例

审查制度？

约翰·科里是克伯屈初中的校长。他是个尽责的管理者,关心学生的福利和课程的质量。他还是亲师会的积极与会者,鼓励家长们关心学校事务。他觉得自己有效地履行了职责,并且很好地为学校服务了。

一天下午,科里先生的宁静突然被一个愤怒的电话打破了。电话来自一位学生的母亲,艾玛·林肯女士。林肯女士告诉他,她、她丈夫、他们的牧师以及其他几位家长一直在检查孩子们从学校带回家的书籍,他们对学校图书馆所选的一些图书极其不满。

她用她熟悉的一本书举例:库尔特·冯内古特的《上帝保佑你,罗斯瓦特先生》。在林肯女士看来,这本书充斥着醉酒、滥交、反社会行为和无信仰思想的故事。她说,这对她的孩子来说,是糟糕的文学读物,不宜收藏在学校图书馆里。她还说,学校图书馆的很多其他图书也同属此类。她和关心此事的家长委员会计划在下一次亲师会会议上提出这一问题。他们会要求检查学校图书馆的藏书,并清除那些图书及其他令人反感的读物。如有必要,他们会提起诉讼。这是他们作为家长和纳税人的权利。

家长中发生这样的争端,着实让科里先生吃了一惊。他首先想到的是打电话给学校图书管理员詹宁斯女士。克里斯廷·詹宁斯在这所学校呆了13年,对大多数藏书作过登记造册,是一位人人看重的员工。她在社会事务中有行事保守的名声,还与许多家长相熟。她应该知道如何安抚他们。

让科里先生震惊的是,她很生气,断然拒绝了林肯女士的提议。在詹宁斯女士看来,《上帝保佑你,罗斯瓦特先生》是当代美国文学的经典之作,理应为任何学校图书馆所收藏。它揭示了人性的弱点、谦逊的公民美德以及在不仁的世界行仁的可能性。在詹宁斯女士看来,学生应该接触的正是这类书籍,她会对家长可能从学校图书馆挑出的任何图书据理力争。他们对她执掌图书馆的质疑,简直就是对她个人的冒犯,她不能接受。进而言之,在她看来,任何群体都没有权利审查图书馆,她准备为捍卫这一立场而斗争。说完,她挂断了电话。

科里先生缓缓地搁回听筒。下午这短短一段时间发生了很多事,刚刚发生的这件事有可能会严重打破学校的平静,并可能波及校外。一群家长大动肝火,他的图书管理员则披上人权法案的外套应战。他有责任平息争论双方的愤怒,履行校长的职责。科里先生对于引起争论的书籍并没有强烈的意见,但他不得不筹划一个调停的方案。下一次亲师会会议只剩一个星期了。

会议只使问题更加恶化。家长们制定了策略,还结成了统一战线。林肯家的牧师坎贝尔神父充当他们的发言人。他出示了一份家长们认为有冒犯的书目,包括冯内古特的《上帝保佑你,罗斯瓦特先生》和《第五屠宰场》,约瑟夫·海勒的《第二十二条军规》,以及杰罗姆·大卫·塞林格的《麦田里的守望者》。坎贝尔牧师声称这些书淫秽不堪,是反美国的,以一种阴险的方式把世俗的人文主义引进学校。家长在此类事务中有权保护自己的孩子,并使他们的意见被感知到。他们要求,凡是家长委员会选出的书都必须从学校图书馆中清除出去,还要求有权检查这些作品在学校课程中的地位。

詹宁斯女士代表自己和一些教师发言。他们的立场是,家长干预图书馆或学校课程就是审查,是破坏学术自由。这样的情形才是真正非美国的。他们坚决要求不受干涉。

对话没有开展,会议变成了吼叫比赛。科里先生宣布休会,答应他和学校董事会努力在这个争端上达成妥协。

在多次讨论之后,科里先生和校董事会在随后的亲师会会议上提交了一份可能和解的方案。这项计划的条款是：

1. 图书馆不清除任何书籍，同时课程也不做任何改变。
2. 家长可书面要求阻止某个学生从图书馆借阅某些书籍。
3. 如果家长发现某部作品有冒犯，学生可申请免做作业，允许其离开教室。
4. 成立一个由相关家长和教师组成的委员会，以检查图书馆新到的书籍，并就课程提出改革建议。

双方都拒绝了这一协议。坎贝尔牧师声称，这项提议并没有解决根本问题，并且回避了真正的道德争端。他不能接受图书馆里存在道德败坏的书籍。保护全部的而不是部分的学生，正是他的职责所在。而且，那些选择参与新项目的家长可能会使他们的孩子遭受教师隐含的批评和同学的奚落。这对学生有害且无教育性。坎贝尔牧师宣称，除非校长将这些令人反感的书籍从图书馆中清除出去，否则家长们就打算对校董事会提出诉讼，并且不让他们的孩子来上学。如有必要，他们将选举一个更顺从的学校董事会。

詹宁斯女士则指控，新计划只起到了建立一种审查形式的作用。教师们的立场是：坎贝尔牧师及其群体无权将某一观点强加给公共机构。校董事会的提议是对图书馆员鉴赏力和教师专业性的一种冒犯。他们不会放弃他们对课堂的合法控制，不会向外界的压力屈服。教师们准备对家长们提起反诉讼，甚至可能会为保护他们的学术自由而斗争。

为了帮助解决这一难题，科里先生能做什么呢？

若干问题

1. 试着在这一教例中进行角色扮演。想象一下在一个公开的会议中，主要的角色和一些学生、教师都允许各抒己见。所有的人说完之后,分析一下每个论点,看看他们用什么原则来为自己的立场辩护。哪些论点看上去优点最多?为什么?

2. 为这一教例撰写可能的结局。把你的结局跟别人的作比较。所有的结局都会在现实生活中出现吗?有哪些因素可能会使最合意的结果最有可能出现?

3. 教师经常碰到学生成熟的难题。你能不能制定标准、原则或规则,以帮助教师更好地判断材料是不是适合不同学校或年级水平的学生?

可能性的选择

选择性学校的观念并不是什么新观念,但这是马普尔·格罗夫高中首次尝试,用以解决长期存在的毕业班学生消沉问题。学生们一旦得知被大学录取,尤其在早早作出决定之后,完成正规的高中学业就不再特别具有吸引力了。

除了一些例外,人人都在敷衍了事。有些学生懒散到发现自己一门必修课不及格,毕业时有些侥幸地过关。而大多数人,包括老师们,都放任自流。在马普尔·格罗夫高中,这是一种大家都习以为常的校园文化。

可在去年,一小组教师发现自己对毕业班学生(包括他们自己)消沉所导致的这种时间和天分的浪费感惊讶。如果他们能够为那些已经申请上大学的人提供一种备选课程,像平常那样在他们的常规班级中实施,即提供一种选择性的校中校,这种学校在教育上合理却又与众不同,让人觉得既有趣,又富于挑战性,这难道不是更具有教育收益吗?

他们集思广益,想出一个令人振奋的提案,提交给校长泽娜夫人。提案非同寻常,但经过精心组织和监控,它会满足本州的要求。泽娜夫人强烈地感觉到这套方案值得一试。她邀请在小组中带头的两位教师向学校董事会呈交这项计划。

他们说服了董事会,使他们相信这项选择性学校计划中一个小心控制的、教育上安全的、完全负责的实验值得一试。一个实验项目得以批准,附带条件是两年之后要仔细审查并重新表决。

赢点女士和舒歇先生是两位带头教师。一年过去了,20名入选实验的学生看起来进展不错。家长们非常满意自己的子女认真参与这个项目。教师们感到找到了真正解决问题的办法。学生们很享受最后半年受到与众不同的对待,学习非同寻常的课程。

赢点女士感到,还要再等上一年才能给所有毕业班学生而不只给一些学生以选择课程的机会,这简直是在浪费时间。她去找泽娜校长,试图说服她,但是校长向董事会作过承诺,她作为一个管理者—研究者为人要正直,她以此为由坚持原计划。较之于某个带头老师的直觉和主观判断,基于第二年成功复制的成功铁证是批准所有学生参与这一项目更好的依据。舒歇先生同意泽娜夫人的观点。

赢点女士十分恼火。她心知肚明自己是对的。明明是一种更好的教育,却不惠及下一届全体毕业班学生,这是不公平的。不过她明白,越过泽娜校长自己去找董事会是不对的。不过,这看起来像是多此一举。

接着她想到一个主意,这个主意看来可以提供解决办法。毕竟,言论自由和出版自由是她和其他社会科教师一直赞扬的原则。她要写一封信给当地的报纸,作为一个公民报道她对选择性学校的正面感受,敦促其他有关市民向董事会请愿,使之成为来年高中课程正规而完整的一个部分。

这是一个完美的解决办法!她甚至幻想一群群人会参加董事会会议,献计献策;并且,真理在"自由的观念市场"中比在有些封闭和狭隘的实验过程中更快胜出。她把自己看成是自由的公民,在自己的群体里负责任地采取行动,为公众利益服务。她提笔开始写下:"致编辑……"

若干问题

1. 你能想起教师在充当专业人员的角色时的自由言论应该予以限制的情境

或情形吗？个人权利在什么情况下让位于专业责任？你认为赢点女士做得对吗？

2. 参看全美教育协会的伦理规范，其中有条款与这个教例相关吗？专业人员对其他专业人员有什么特殊的义务吗？

3. 自由市场产生真理的过程与实验产生真理的过程有冲突吗？在这则教例中，我们最关注道德真理、科学真理和教育真理吗？这些不同的真理是通过不同的过程获取的吗？

进一步探究

1. American Civil Liberties Union. http://www.aclu.org/studentsrights/expression/index.html

   美国民权同盟是一个民权组织。这个链接带你进入有关学生权利和自由表达的主页。

2. Berlin, Isaiah. *Four Essays on Liberty*. London: Oxford University Press, 1969.

   四篇论述自由的本质和重要性的经典文章。

3. Fischer, Louis, David Schimmel, and Leslie R. Stellman. *Teachers and the Law*. 6th ed. Boston: Allyn and Bacon, 2003, Chapter 9.

   有关教师和学生自由表达权的一个优质的法律资源。

4. *Hazelwood School District et al. v. Kuhlmeier et al.*, 484 U.S. 260 (1988), (1988).

   最高法院一个判例，缩小了廷克诉莫因斯案的范围。

5. Mill, John Stuart. *On Liberty*. New York: The Bobbs-Merrill Company, inc.,

1859/1956.

关于自由和个人的经典论述,第二章强调思想和讨论的自由。

6. Strike, K. A. *Liberty and Learning*. Oxford, England: M. Robertson, 1981.

对教育中自由之重要的讨论。

7. Strike, K. (1985). A field guide of censors: Toward a concept of censorship in schools. *Teachers College Record*, 87: 2, 239-258.

对教育审查的讨论。

8. Tinker v. Des Moines Independent School District 393 U. S. 503.

最高法院对学生权利的最早判例。

(黄向阳 译)

第 4 章

机会均等与民主社会

全美教育协会《教育专业伦理规范》还要求教育工作者

6. 不得根据种族、肤色、信条、性别、出身国、婚姻状况、政治或宗教信仰、家庭、社会或文化背景或性别取向,不公正地:

(1) 排斥任何学生参与任何课程;
(2) 剥夺任何学生的任何利益;
(3) 给予任何学生以任何便利。

两会故事:两个供思考的教例

教例 1:荣誉代数

伊丽莎白·蒂尔和泰尚·威廉姆斯、泰尚的父母及罗斯福高中校长坎蒂丝·韦弗座谈。议题是要不要让泰尚参加她的荣誉代数班。严格地按规矩来说,泰尚是不合条件的。韦弗女士反对。"如果我们对他破例,我们就得对每个人破例,"她争辩道;况且,"要是我们开始录取基础薄弱的学生,这会影响到你在班上与其他学生所能做的事。不久它就不会是一个荣誉班了。我们得保护这个班。"可泰尚想进这个班,他的父母态度坚决。

代数在各地都是看门课程。学生不上这门课，或者没有通过这门课，就不可能上大学。在罗斯福高中，泰尚必须上代数课。他所在的那个州所有九年级学生都得上代数课。在罗斯福高中，荣誉代数课在一个不一样的意义上是一门看门课程。罗斯福高中那些上普通代数课的孩子通常对学业成功准备不足，往往还特别缺乏学习动力。许多人都不及格。他们在罗斯福高中 35％ 的辍学生中占了大多数。那些通过考试的学生通常不会再上更多的数学课。他们要是上大学的话，上的会是当地的社区学院，往往还在修完课程之前就辍学了。这些普通班的标准相当之低。而上荣誉代数课的孩子，在高中上了更多数学课，并且会上四年制大学，有时甚至是名校。荣誉代数在罗斯福高中是一种强大的分类器。它的作用貌似在选拔那些有潜力的学生，将他们与其他学生分离开来，以便给予他们一种让他们上大学的教育。泰尚的父母深知这一点。这正是他们请求会谈的原因。他们希望自己的儿子能够上一所好大学。他们把这看成是为泰尚所做的一个孤注一掷的决定。

问题在于泰尚并没有做好充分准备在荣誉代数课上取得成功。他初中数学的最高等第并不突出。他从肯尼迪初中来到罗斯福高中。几乎没有一个来自肯尼迪初中的学生做好了上荣誉代数课的充分准备。罗斯福高中并不完全相信它的两所生源学校打的等第，因此会对入学新生进行一场数学筛选测试，用它去决定学生的安置。泰尚比大多数肯尼迪毕业生的测试成绩要好很多，但仍然够不上荣誉代数班的录取分数线。况且荣誉代数班已经满员，还有一些学生，虽然没能上线，但等第比泰尚好，分数比泰尚高。这些学生多数来自罗斯福高中另一所生源学校——杜鲁门初中。

泰尚的父母为他辩解。话是这么说的："泰尚是个很有天分的孩子。他在初中并不十分用功，肯尼迪初中的学风不给力。而且，他没得到很好的教导。你们知道肯尼迪初中的问题。但他还是比多数学生学得好。他的分数虽然没有高出录取线,但他已经非常接近了。如果他得到适当的教导,他可能会比大多数来自杜鲁门初中的学生考得好。我们已经跟他谈过,他知道在您的班里好好学习很重要。我们保证他在您的班里一定会用功的。他进了一所差劲的初中,这不是他的错。他理应得到这个机会。"

蒂尔女士承认,如果泰尚在杜鲁门初中上学的话,会学得更好。杜鲁门初中的学生总是看上去得到了更好的教导,他们在她的荣誉班上是压倒性的大多数。假如有家长的支持,加上她这边的额外努力,泰尚会通过荣誉代数这门课的。他甚至会学得更好。她可能会挑选另一个学生。而泰尚是非洲裔美国人。蒂尔女士吃不准这是不是他值得拥有这种机会的又一个理由。她同情她那些非洲裔美国学生,尤其是那些从肯尼迪初中升学到罗斯福高中却准备不足的学生。他们往往没有得到像白人孩子那样获得成功的机会。可是,这是给一个泰尚而可能不给从杜鲁门初中升学过来的白人学生的机会的理由吗?

教例2:苏珊的三年级

克利弗女士和她三年级的几个家长座谈。奇怪的是,他们其实并不是来抱怨她对他们的孩子不好。事实上,他们对大多数事情显得相当满意。他们前来抱怨的是她对苏珊太好了。苏珊是个盲童,是个人见人爱的甜妞。可伤脑筋的是她也害羞,又因为她是盲人,很容易在课堂活动中被漏掉。

为了确保不漏掉苏珊,克利弗女士制定了一项计划。她避免开展苏珊难以参与的活动。例如在体育课上,她倾向于重视接力赛甚于更受学生欢迎的躲球游戏。苏珊奔跑时,她会让一个女孩子拉着苏珊的手一起跑。她不知道怎样才能把苏珊纳入躲球游戏中。在班上,她将视觉艺术活动减到最低程度,而重视音乐活动。

克利弗经常鼓励班上的学生,无论干什么,都把苏珊包含进去。她在一些小组活动中经常请求志愿者帮助苏珊。她一直在确保苏珊有发言的机会。有时候克利弗女士会给苏珊提供大量的个别化指导。她并没有用秒表进行跟踪,但她估计她25%的上课时间都花在帮助苏珊上了。她甚至开始学习盲文,以便能够帮上苏珊。苏珊有一个帮助她阅读盲文的特教老师,但那个老师给她上课的时间还不够。

要求召开这次会议的大多数家长都很高兴苏珊在他们孩子的班上。但有时候他们也关注克利弗女士花在苏珊身上的时间总量。这是她没有花在他们孩子身上的时间。其中一个家长还担心苏珊所拥有的特殊地位,以及老师鼓励他们的孩子帮助她。一位家长说:"确保苏珊被全纳进来,挺好!可您把我的孩子变成了无偿的助手。"另一些家长关心的是,把各种课堂活动限制于苏珊能够参与的活动,这过于苛刻。阿诺德先生就这件事总结道:"我们赞成对残障学生公平,我们认为苏珊应该在您的班上,但您太以她为中心了,以至于我们感觉我们的孩子被剥夺了他们应当享受到的您的时间以及广泛的课程和活动。您最后一次要我们的孩子画一幅画是在什么时候?"克利弗女士确实明白了他们的意思。

争 论

甲:我对我们这个民主社会中的学校最为欣赏的事情之一,在于它们矢志于为每个学生提供平等的教育机会。

乙:我对我们这个民主社会中的学校最为欣赏的是,它们矢志于将所有类型的学生全纳进来,而不管他们多么不同。

甲:我不确定全纳是什么意思,除非它意味着所有人都得到同等对待。那就是正义和公平的要求。有道德的教育者必须使衡平成为他们决策的核心原则之一。

乙：可是我们在教育上真的同等待人吗？我们给一些学生打甲等，给另外一些学生打丁等。我们录取甲等成绩的学生进名校，拒绝录取得丁等成绩的学生。我们给穷孩子提供补偿教育。我们给天才儿童特殊的教育机会，因为我们认为他们应该得到那样的机会；我们给残障儿童特殊的教育机会，因为我们认为他们需要那样的机会。这不是同等待人，而是极其不同等地对待他们。

甲：只有你认为同等对待意味着不管有什么相关差异都给人以相同的待遇时，区别对待才会成为一个难题。毕竟我们给一些学生甲等成绩，是因为他们取得了高于得丁等的学生的学业成就水平。衡平和公平要求我们重视那些造成区别的差异。如果我们承认那些高禀赋的孩子和高需求的孩子因有相关差异而应有不同的教育计划，那么，我们就是在同等对待每个人。

乙：这么说，同等对待并不重要。差异才重要啰？

甲：不，我没有这么讲。同等对待意味着给人一样的待遇，除非存在某种相关差异。但也意味着我们必须承认以区别对待的相关差异。如果两个学生功课质量一样，他们就该得到一样的等第。如果他们功课的质量不一样，他们就该得到不一样的等第。特别重要的是，你没有因为诸如种族之类不该用作区别对待的理由的特征而区别对待人。平等意味着，不因为人家是某个受到厚待或冷待的群体的成员，就给人家更高的等第或更多的机会。

乙：所以，如果人们在某种相关意义上是相同的，平等就意味着给人以相同的对待，而如果人们在某种相关的意义上是不同的，平等就意味着给人以不同的对待吗？

甲：完全正确！

乙：一些诸如种族、性别或家庭收入之类的特征，不应该被看作是区别对待的理由。

甲：现在你明白了！

乙：其实不然。我感觉正在玩"谁在先?"的游戏。让我用另一种方式试试这种游戏。就拿补偿教育来说吧。我们有时难道不是用种族或家庭收入作为理由，给一些人而不给另一些人补偿教育吗？再考虑一下天才儿童和残障儿童。你断言他们有相关差异。可是，天才儿童就是因为更有天分而得到更多的资源，残障儿童就是因为更需要而得到更多的资源。这不就自相矛盾了吗？将有限的教育资源从既不是天才又不残疾的儿童那里夺走，然后把它们交给这些"特殊"群体，这公平吗？为什么"普普通通"的孩子就得放弃他们本应得到的一些教育利益，以使那些天赋更高的人或有更多需求的人能够占有更多的教育利益呢？这看上去像是最高级别的不公平了！

甲：好吧，既然说到了补偿教育，我想正义要求我们给那些曾经被剥夺的人一个赶上别人的机会，这样他们才能变得与别人真正平等。

乙：好吧，也许。正义的社会或许应当偶尔劫富济贫。可是，支持天才教育更像是劫贫济富耶！你能怎样为那种教育辩护呢？

甲：利益最大化！天才是社会最了不起的人力资源。他们是我们未来的医生或医药研究人员、我们的科学家和工程师、我们的教育工作者和政治领袖。从长远来看，给他们最好的教育，他们将最大限度地改善我们所有人的生活。

乙：我还是不明白。果真如此，要是残障儿童不大可能有效利用资源的话，难道我们不该少给他们资源吗？你怎么知道一种差异在什么情况下成了相关差异呢？你怎么知道该如何对待那些具有相关差异的人呢？

甲：好吧——啊——我想这个问题可能比我想的要难一些。

乙：可能！我们在把人们区分成所有这些不同的群体，给予不同待遇和不同资源，以便我们能够同等对待他们，这种情况下我们难道不是在肢解我们的民主社会吗？也许我们该少一点操心公平待遇，多一点操心民主全纳！

甲：可是我们不能通过给每个人同样的对待把每个人全纳进来。这就好比尽管一些学生只会讲西班牙语,我们却用英语教每个学生。所以,全纳意味着承认差异。

乙:所以,为了同等待人,我们区别对待他们;为了全纳他们,我们将他们分类别群。我头都疼了。

概　念

在"布朗诉教育委员会案"[1]这份划时代的裁决书中,首席大法官沃伦写下如下判词:

> 公立学校将白人孩子与有色人种孩子隔离开来,对有色人种孩子产生有害影响。一旦它得到法律准许,其影响更甚,因为种族隔离政策经常被解释为表示黑人族群低人一等。这种低人一等的感觉,会影响孩子的学习动力。法律准许的隔离政策因而趋向于迟滞黑人孩子的教育与心理发展,并且剥夺他们在种族融合学校系统中本可获得的一些利益。

"布朗诉教育委员会案"(简称"布朗案")对美国教育产生了巨大影响。它不但发起了美国学校废除种族隔离的运动,还开启了对美国诸多生活领域的不平等进行深入而广泛的检讨。其影响迅速地拓展到性别平等、性取向、对语言上的少数民族以及残障人士公平等方面的争端。"布朗案"有助于创设背景,从中我们可以思考我们这两个教例。

---

[1] *Brown v. Board of Education*, 347 U. S. 483 (1954)。

"布朗案"并非不复杂。我们的教例提示了其中两点。蒂尔女士想把泰尚招进她班的理由,似乎是出于种族考虑而给予泰尚一种利益。这一点似乎是全美教育协会的规范所禁止的。"布朗案"禁止吗?"布朗案"似乎也要求我们不分种族,一视同仁;可在苏珊案中,我们有一个极其与众不同的学生。她所受待遇要是跟有视力的学生一模一样,她就不会从中受益。我们亏欠她什么呢?

"布朗案"也在解释上引发了种种争端。它可以用两种方式加以解读。一种解读把它看成是在为非洲裔美国孩子主张教育机会均等。"布朗案"对平等的论证,诉诸一种心理学理论,该理论认为隔离导致了非洲裔美国孩子一方的低人一等感,还将这种低人一等感跟教育结果及人生前途联系起来。"布朗案"表示隔离是非法的,因为它造成了教育伤害。

思考一下人们对于这种有关"布朗案"的观点的一种担忧。这种心理学理论可能不靠谱。我们难道想把这个为非洲裔美国人主张平等权利的判例建立在有争议的心理学理论基础之上吗?假定它们错了。如果把一些美国公民隔离开来并没有造成教育上的伤害,我们愿意得出结论说这种隔离在道德上就可以接受吗?我们对此表示怀疑。

另一种解读"布朗案"的方式,是它表达了一种有关何为民主社会之核心的更为基本的观点。名副其实的民主社会乃是重视所有成员且同等重视所有成员的社会。它给予每个个体以完全的尊严和尊重。种族隔离的困难在于,它扎根于一个阶层的公民贬低另一个阶层公民的价值。它还认定,将这种贬低转化到美国黑人不由自主地跟美国白人相隔离的公共机构,是可接受的。"布朗案"拒斥这种认定非洲裔美国人没有价值在政治上低人一等的假设,并且主张他们有权受到重视且受到与美国白人同等的重视。它关乎的不仅仅是同等的教育机会以及种族隔离的教育后果,它还关乎同等的价值、同等的尊严以及同等的公民资格。

我们认为,这些关于"布朗案"的评论提示了两个透镜,透过它们我们可以思考我们的教例。一个强调同等机会，另一个则把这种关切扩展到对民主社会的关切。我们马上就会回到这两个透镜上来。

我们这两个教例的共同之处在于两者都关涉差异的相关性。教例中那两个学生都有将他们与其他学生区分开来的特征。一个学生（泰尚）是一所白人居多的学校里的一名非洲裔美国人。第二个学生（苏珊）身体有残疾。因此我们不得不问：这些差异是不是给区别对待泰尚和苏珊提供了某种辩护？如果是的话，那么准予何种不一样的待遇呢？

它们的第二个共同点在于它们都关涉稀缺资源的分配。第一个教例中，我们想知道泰尚是少数族群中的一员这个事实是不是应该把他招入荣誉代数班的理由。荣誉班是一种稀缺资源。并不是每个人想进这个班就能进的，况且还有其他学生想被录取，其中一些学生比泰尚更有资格进这个班。还有，泰尚来到这个班，可能意味着蒂尔女士因为他并没有做好充分的准备而不得不在他身上花上比其他学生多的时间，还意味着这个班进步会更慢。因此，如果录取泰尚，不但对更有资格却没有录取上的学生不公平，蒂尔女士也会以牺牲其他学生的利益为代价令他受益。荣誉班以及荣誉班的质量，两者都涉及稀缺资源的竞争。

第二个教例中的一种稀缺资源就是教师的时间。克利弗女士在苏珊身上花了许多时间。她没有在其他学生身上花这么多的时间。可以用苏珊身体残疾来为这种用时差异辩护吗？此外，克利弗女士以一种令苏珊受益的方式改变她的班级，但在一些家长看来这种方式剥夺了与他们孩子相称的丰富教育。教学的性质是一种资源，不同类型的教学可能以不同的方式使不同的学生受益。如果是这样的话，克利弗女士可能就是在以让其他孩子付出代价、令苏珊受益的方式改变她的班级。

这些全都是哲学家们所说的"分配正义"的争端。各种各样的社会机构分配着人们想要却又稀缺的东西。它们分配工作岗位、收入、地位以及权利。它们可能公正地分配,也可能不公正地分配。学校就是其中一种分配这类利益的机构。作为教师或未来的教师,注意到你的时间以及你的教学风格是重要的,它们也是可能公平或不公平分配的稀缺资源。如何思考这样的难题呢?

让我们先来看看亚里士多德(公元前384—前322年)提出的有关正义的定义。亚里士多德主张,正义就在于同等地对待同等的人,不同等地对待不同等的人。亚里士多德所谓同等地对待同等的人,意思是说在相关特征上情况相同的人有权得到相同方式的对待。例如,如果过往的数学等第以及数学筛选测试的得分是荣誉代数班录取的相关依据的话,那么,两个等第和得分相同的人就应当得到相同的对待。这两个人要么都该被录取进荣誉代数班,要么都该被拒收。

然而,人们一旦在某种相关特征上各不一样,则应受到不同对待。像苏珊这样视力上有残疾的学生,给她和看得见的学生一样的印刷书本,就没有得到公平的对待。在这种情况下,公平要求我们以区别对待对相关差异作出反应。每个学生都应当得到能从中受益的阅读材料。这就要求给视力残疾的人士提供不一样的阅读材料。

这些观念引发了两类问题。我们如果明智地运用这些观念的话,必定能够回答这两类问题。首先,我们需要知道什么特征才算是相关特征。就教育所涉及的特征而论,从直觉上说,学生的需要、兴趣以及从教学中受益的能力之类的东西好像是相关差异。可是,种族和性别(以及本章开篇引用的全美教育协会一部分伦理规范中所有其他特征)看起来像是无关差异。

如果种族是一个无关特征,那么,关于泰尚,我们应该得出的结论似乎应该是,我们不该录取他进荣誉代数班。如果我们对待他如同对待其他有类似资格的学生,我们就不会录取他。他是一个特殊种族群体中的一员,这个事实不应该使待遇有所不同。但是,请别换频道,对于这一点还有更多要说。

在苏珊案中,我们确实有一个重要的相关差异。苏珊是个盲人。正义似乎会要求不一样的待遇。可是哪种不同待遇呢？出于什么理由呢？她需要学会阅读盲文，所建议的显然是一种不一样的待遇。这是她能够阅读的唯一方式。印刷字对她毫无用处。

可是，她身体残疾就使她有权比其他学生得到老师更多的时间么？况且，苏珊还从一位定期来帮助她的特教老师那里受益，这位教师花的可是她学校的钱，这些钱并没有花在给其他学生的资源上。时间和金钱都是稀缺资源，一个人得到了，另一个人就得不到。苏珊也许需要克利弗女士更多的时间，可是，在什么情况下提供更多时间就会变成对那些得到时间少的孩子来说不公平呢？

我们可以开始讨论这些争端了，讨论我们说过这两种透镜，也就是解读"布朗案"的不同方式：教育机会均等与民主社会。

如果我们的目的在于创造均等的教育机会，我们就把教育视为在我们这个由市场配给且依赖教育的社会中提供公平的利益竞争。实行市场经济的社会，承认有赖于经济竞争中相对成功的地位差异及收入差异的合法性。与此同时，我们想要公平竞争。我们想要机会均等。这正是上面从"布朗案"引用的那段话所强调的要点。种族隔离有损于学业成就，而在我们的社会中，学业成就对成功很重要。"布朗案"并不要求同等的收入，甚至不要求同等的学业成就。它要求的是公平竞争的环境。

均等的机会有两个部分。首先，我们想要一种社会，在这种社会里经济生活的成功取决于真才实学，而不取决于一个人的长相如何或者一个人的父母是谁。这样的话，我们就必须根据人们具备一个职位的相关资格这种事实来聘用人。因为某人是一个比其他申请人优秀的工程师而雇那个人到一个工程岗位，那就不成问题。因为那个人的种族、父母财产或性别而聘用他，那就不公平。可这还不够。如果为了那些由市场来分配的利益而展开的竞争要公平的话，我们还必须给每个人以公平的机会，去获得就业市场奖励的那些技能。这正是公立学校的一项基本任务。

还有第二种透镜。我们还想要创建一个民主的社会。我们谈论民主社会时，不只是在谈论创建一种领导人是由人们选举出来的政府形式。我们还谈及创建一种社会，在这种社会中每个人都受到同等的重视，并且得到同等尊重和尊严的对待。对这样的社会的一种检验，就是看它怎样关照它最弱的和最容易受到伤害的成员。我们这样思考教育时，并不只是问为了创造公平竞争我们必须做什么。我们问我们必须做什么，以使每个人都能得到平等的社会成员的待遇，不管他具备什么样的天赋和能力，也不管有什么妨碍他进步的残障。

这两种透镜之间一个明显的差异就在于我们如何鼓励学生看待彼此。机会均等关乎公平竞争。学生在竞争中彼此是对手，竞争等第之类的东西，进而争教育机会，最终争职位和收入。教师无需强调这个事实，或者鼓励学生如此看待彼此。但它就是有关我们社会和我们学校的事实。不过，我们谋求创建一个民主社会时，就不会将彼此视为竞争对手。相反，我们持同舟共济的立场。我们强调共同利益，并且力图确保我们关照到我们中的最弱者。

假定我们现在把我们的教例既看成是机会均等的争端，又看成是民主社会的争端，那么，机会均等的理想主张还是不主张录取泰尚进荣誉代数班呢？乍看起来它主张不录取。正如全美教育协会的《教育专业伦理规范》所言，机会均等意味着我们不得出于种族的考虑给予任何学生以任何便利。虽然泰尚还没有满足资格条件，可蒂尔女士还是因为他是非洲裔美国人，考虑把他招入荣誉代数班。我们当然不应该因为泰尚是非洲裔美国人就否定他的某种利益，但也不应该因为他是非洲裔美国人就给予他某种利益。

这个结论可能不成熟。有人可能还会争辩说，泰尚之所以没有达到荣誉代数班录取的资格条件，是因为在他早期学校生涯没给他提供同等的教育机会。我们提到，他在肯尼迪初中获得的教育逊于其他学生在杜鲁门初中获得的教育。此外，与杜鲁门初中相比，肯尼迪初中有更多穷困的少数族裔学生。因此我们或许会得出结论说，初中没给泰尚提供同等的教育机会，而这个事实起码跟他的种族有关联。

如果我们作出如此结论，接踵而来的是什么？一般来说，一种不正义一旦犯下，我们所期望的就是提供一种救济，以恢复受害者在没发生不正义时他或她本就享有的处境。我们可能会争辩说，要是泰尚得到了杜鲁门初中学生得到的教学质量，他就会有资格进蒂尔女士的班。如果是这样的话，那么，为了救济这种不平等，我们就该恢复要是不发生不正义他本就享有的处境。我们应该把他录取进蒂尔女士的班级。这是一种有关补偿正义的事体。蒂尔女士同情来自肯尼迪初中的非洲裔美国人，其背后或许就是这种类型的推理。

从民主社会的视角我们可以怎么看泰尚案呢？请思考如下论点：真正的民主社会有一个特征，那就是所有的社会成员都受到同等重视。可是，假定我们去看一看一个特定的社会，看到的是那个社会中有些个体系统地处于几乎未受厚待或遭到冷待的境地。这种处境传达了什么信息呢？貌似传达的信息是一些人被认为比另一些人有更高的价值。

请注意我们这里正在说的东西。我们正在提醒，公共机构和实践有着表现自己和传达自己的方面。它们"说出"它们所立足的信念和态度。我们可以通过它们表现出来的东西去评价它们。

在美国，我们的公共机构往往好像是在说，我们并不认为少数民族或穷人具有与其他人同等的价值。例如，非洲裔美国人比白人更可能贫穷，更可能失业，更可能住不合格的房子，更可能进班房。如果我们审视一下名声好的职位，就会发现非洲裔美国人普遍不具代表性。非洲裔美国人鲜有医生、律师、工程师或执行总裁。如果我们审视一下学校，就会发现学校高度种族隔离。非洲裔美国人居多的学校与白人居多的学校相比，往往经费不充足，而学校越融合，非洲裔美国人就不成比例地处于越低的学轨。几乎所有的美国学校中，荣誉课程和先修课程比整个学校还白。我们在此想要提出的问题是"这说明我们何种程度上是一个重视每个人并且同等重视所有人的社会?"它好像是要说白人比黑人更受社会重视。

请注意这里我们对"布朗案"两种并行的解读。如果我们认为"布朗案"主要关乎机会均等,就必定对学校教育在学业成就和人生前途上的后果感兴趣。可是,如果我们认为"布朗案"关乎民主社会,就对认为谁有价值、谁没有价值的表现也感兴趣。

如果我们认为泰尚案关乎民主社会,就可以对荣誉代数班录取泰尚作出另一种论辩。我们可以说,录取泰尚进荣誉代数班,矫正了我们所说的表现性不正义,有助于把大家组建成为一个更加彻底的民主社会。一个白人和黑人学生比例失调的荣誉班说明了我们的某些东西,说明美国社会认为白人比黑人更有价值。当我们采取行动,使我们各个公共机构的种族构成看起来更像是整个社会的种族构成时,我们所说的就传达了不一样的信息,说明我们认为所有的人都有价值且有同等的价值。因此,录取泰尚是可以得到辩护的,因为它是迈向更加民主的社会的一小步。

关于这些观点还有更多可说。这些观点并不只适用于非洲裔美国人,也适用于所有受到冷遇的群体。尽管泰尚没有达到进入蒂尔女士班级的分数线,但他能做这种功课,这一点也很重要。我们不会通过将人置于他们必定失败的境地去救济不正义。我们应该注意可能还有其他来自肯尼迪初中的学生因为差劲的教学而处境不利,可以为他们作出同样的争辩,可是他们的情况并没有得到考虑,因为他们的父母并没有作出这样的争辩。如果我们对泰尚有所亏欠,那么我们对他们也有所亏欠。最后,有一个问题:有没有群体权利?我们没有讨论这种争端,但是我们的论辩并不依赖这样的观点。我们并没有坚持泰尚仅仅因为是非洲裔美国人就对资源提出特殊的主张。我们倒是注意到许多非洲裔美国人遭遇这种结构性的不利处境,因此用种族作为一种标准去识别那些受到了不公正对待的人,乍看起来是合理的。总而言之,我们确实认为有理由可以为录取泰尚进蒂尔女士的荣誉代数班作辩解。至于它是不是令人信服的论据,我们留待你来作出决断。

苏珊案因为别的原因而情况复杂。机会均等要求教苏珊阅读盲文,这一点看来是明显的。平等并不要求我们给每个人完全一样的待遇。平等意味着我们给每个人以恰如其分的待遇。我们认为,起码这意味着苏珊有权以一种她能够受益的方式获得教导。我们还认为,如果她从这种不一样的教导中获益需要多于其他学生所能得到的资源,她就有权得到更多的资源。我们并不知道如何去决断多到多少才算过多。但是我们确实相信,我们有义务给苏珊提供所要求的资源,以使她能够达到的阅读水平和她要是不盲而本可达到的阅读水平一样好;我们不该以其他学生的明显损失为代价,去保障苏珊的边际成就收益。(我们也怀疑这类交易会经常发生。)所以我们认为苏珊有权得到使她能够成功的资源。我们不知道多到多少才算过多。

我们认为,克利弗女士采取了各种措施把苏珊完全纳入班级这个案子,可以借助创立民主社会的观念得到最好的辩护。思考一下这样一种社会的两个特征。第一个特征是,我们必须重视所有人的价值并且同等地重视他们的价值。这包括我们当中的最弱者。在民主社会中我们重视人的价值,是因为他们是人,而不是因为他们有魅力或有高潜力。如果真正的民主课堂的一种检验就在于它不分种族,视所有学生为平等的成员,那么,另一种检验就是我们全纳残障学生的意愿和能力。克利弗女士努力工作,把她的课堂变成了全纳苏珊的地方。我们认为,民主社会的价值观证明这些措施是正当的。

民主社会的第二个特征是它的成员共享这个社会基本的价值观。其中的关键价值观就是我们尊重每个人的尊严。克利弗女士全纳苏珊的努力,不仅仅是尊重她的尊严的努力,也是教其他人也这样做的努力。她教给学生民主社会的核心价值观,通过这种形式的道德教育,创建一种民主的课堂。其他学生从中受益。

分 析

我们在这些个案的讨论中,把它们看成是分配正义的个案。它们与决定我们社会中谁得什么的社会机构的正义有关。决定一旦涉及一人所得与另一人所得之间的交易,就开始发生分配正义的争端。我们的两个教例都涉及这样的交易。如果泰尚被录取进荣誉代数班,别的某个人就可能不被录取,而且录取他会给班上其他人造成后果。给苏珊提供时间,其他人就得不到这些时间;班级的特性令她受益,却可能不适合其他人。当我们遇到这样的教例时,问一下我们能不能转化它们以使它们变成"双赢"的情境总是有用的,可是那往往是不可能的。因此我们必须在一些人的福利与另一些人的福利之间作出选择。

结果论的观点提供了一些直截了当的方式来分析这些争端。

根据利益最大化原则的推理,我们将从如下信念出发:必须根据是什么促进最大多数成员的最大利益,来作出如何分配资源的决定。什么样的教育资源分配会提高平均福利呢?当然,撇开某种关于我们有兴趣最大化的是何种利益及我们选择影响谁的观念,是难以回答这个问题的。我们作出的有关泰尚和苏珊的选择,可能会影响到他们的家人以及他们所爱的其他人,影响到班级和学校中的其他学生,影响到多年以后可能会与他们发生相互作用的许多人。后果就像池塘里的涟漪,不断地扩展开去。其中许多后果都是不可知的。

我们正在考虑的选择也可能会影响种种不同类型的利益,可能影响到成绩、大学录取、友谊模式以及性格发展。很难比较这些不同的后果或者把它们统统归结为幸福。

因此,如果我们想使用利益最大化的原则,就需要作出某种简化的假设。我们可以通过规定我们感兴趣的利益以及我们将考虑其福利的那种人,来简化我们教例。接下来,假如说,我们假设我们的兴趣在于我们的选择对于教苏珊的那个班级的后果,而在泰尚案中,我们的兴趣在于我们的选择对于其他也要上代数课的学生的后果。我们将考虑两种利益。我们将强调对平均成绩的影响。不过,由于我们对学习成绩感兴趣是因为它会产生经济后果,我们还将就我们的决定对国家繁荣的影响作出某种假设。

以诸如此类的简化加以审视,利益最大化原则就可以说清楚我们在做教育决策时该不该把种族考虑进来。一般来说,不应该考虑种族,因为种族跟一个人能不能有效利用教育机会根本就没有关系。让人可以根据种族得到机会因而就是以一种不讲效率的方式分配机会。作为资源无效利用的一种结果,学生们(按平均值)会少学东西。从利益最大化角度看,对机会均等的首要辩护,就在于不平等是没有效率的。而事实往往如此。

我们怎样利用资源最大限度地取得好成绩呢?我们刚才所说暗含的建议是,我们应该聚焦于从教学中获益的能力。如果我们根据获益能力分配教育资源,就会把教育资源投向为每个人创造最大利益的地方。例如,我们录取一些人而不录取另一些人进医学院,是因为我们相信我们录取的那些人更能从培训中获益,会成为比我们未录取的那些人更优秀的医生。大家都会从医疗专业质量的改善中受益。我们不根据种族把人招进医学院,是因为种族与一个人从医学教学中受益的能力以及成为好外科大夫的能力无关。

这种类型的推理,很有可能证明举办荣誉课程班的合理性。我们举办一个荣誉班,是因为我们认为将一种特殊的资源集中在那些最能从中受益的学生身上会使大家更受益。我们这样做时,就希望后果会是这些学生能够承担进一步的教育,使他们能够进一步发展技能,担当要职,他们在那里工作将使人人受益。这就是我们在做如下论证时好像要作出的假设:如果想有足够的科学家和工程师,如果要在国际经济竞争取得成功,这样的荣誉班就很重要。

这是一种好的论证吗？有若干质疑，请思考一下。首先，上面的论证中，我们建议重在把资源分配给那些最能够从中受益的人，因为人人因此受益。可这并不一定靠谱，它并不是利益最大化原则的要求。给更具受益能力的人更多资源可能会提高平均成绩，但是，作为一种后果，它也可能使几乎得不到资源的学困生成绩更差。还有，就算这些学生或许不大能够从教育资源中受益，他们也可能需要更多的资源。所以，尽管我们靠给更有能力的学生提供更多资源可能会提高平均成绩，可是提高平均分也可能伤害一些学生。它完全符合利益最大化原则，这条原则并不要求我们使每个人都受益更多，而要求我们使人们在平均意义上受益更多。

其次，在努力把利益最大化原则运用于教育时我们接受的一种简化是，我们正在努力最大限度地提高平均成绩，因为这么做会提高经济生产力。可是，我们为荣誉班所作的论辩不能完全表示这一点，倒是像在表示我们试图通过集中资源于最有可能从专业上充分利用所获知识的人的身上来使经济生产力最大化。事实上，从这个角度出发，我们不可能十分在乎其他学生的学习，因为他们不可能在工作中使用代数。因此，如果我们想使经济生产力最大化就需要最大限度地提高平均成绩这一点并不明显。有些人的学习成绩可能比另一些人的成绩更具经济影响力。

到目前为止，利益最大化原则提示我们出于两种理由不该把泰尚招进荣誉代数班。其一，我们不该考虑泰尚，是因为利用种族给人以好处会导致教育资源的无效利用。它不会使我们从教育资源利用中获得的利润最大化。其次，要是录取泰尚，就不能录取别的某个能力更强更能充分利用这种资源的人，还会降低这个班对于其他学生的价值。总之，泰尚是个非洲裔美国人，这一点不值得考虑。值得考虑的是，他比其他人更不能从教学中获益。

利益最大化原则并不轻易允许我们论证录取泰尚是一个补偿正义的事项。

利益最大化原则指向未来,因为它指向结果,而我们行动的结果出现在未来。靠谱的也许是,泰尚不大能够从教学中获益,这个事实是过去经常提供给非洲裔美国人的教育造成的,可这个事实与未来的结果毫不相关。相关的是他现在不大能够从教学中获益。如果根据利益最大化原则推理的话,过去从道德上说已经死亡。值得考虑的是未来。

把获益的效能和能力变成核心,也制造了一个有说服力的理由,去反对给苏珊提供额外的资源。替残障学生主张的人士常作效能论证,支持给他们提供资源。例如,人们常常断言,通过教育残障学生,我们就有可能使他们在生产上得到聘用,而不会永久地依靠别人。可是,作为一种对经济效能的诉求,这是一种危险的论证思路,原因有二。其一,有一些残障学生,对他们来说,这条论证路线并不靠谱。想一想认知障碍严重的学生。向他们提供某种适当的教育,可能会提升其生活的质量和尊严,但决不会使他们自给自足或者能够得到聘用。在这样的情况下,得出的结论难道就是应该彻底地拒不给予他们某种教育吗?其二,利益最大化原则要求我们最有效地利用我们的资源。即使向残障学生提供更多的资源确实更有可能使他们自给自足,也不能得出结论说这是最有效地利用了教育资源。

这种有显著障碍学生的情况,可以看成是利益最大化原则倾向于向高能力学生而不向高需求学生集中资源的一个特例。如果我们正在争取最大限度地提高成绩,或者争取经济生产力最大化,从教育难教的孩子那里就可能几乎无利可图。从这个角度看,特殊教育结果往往就成了一种无效的资源利用。如果我们得出这种相当冷酷无情的结论,它就应当引导我们重新思考那些把我们带到这里的假设了。

当然,苏珊在认知上并没有严重障碍。她是个盲童。可是她的教育会花费更多,而且,如果我们的兴趣在于最大限度提高成绩或使经济生产力最大化,我们的资源很可能有其他更加有效的用途。这应当引导我们再度怀疑我们的假设。

我们第一次讨论功用主义和利益最大化原则时指出我们对它表示怀疑，因为有的时候它好像是在为令人厌恶的结论辩护。我们使用的例子是利益最大化可能为折磨某个人以取乐辩护，只要这么做给折磨者带来的快乐大于给受害者造成的痛苦。这个例子以及我们已在讨论的教例，都是带有一种特别瑕疵的利益最大化例子。这种瑕疵就是在力争某种结果最大化时它只留意那种结果的平均数量，而不留意结果的分布。因此，只要造成剥夺和痛苦的决定导致平均值的提高，它就能为种种重大剥夺或重大痛苦辩护。

这种异议可以表达成一个简单的观点。如果我们正在考虑分配正义问题，那么我们确实需要考虑我们行动的结果，但也要考虑我们的行动结果如何影响各个个体。将重大伤害强加给某些人的政策得不到辩护，即使它们导致了某种利益的最大化。这不是说效率不值得考虑，不是说不要考虑谁能最充分地利用教育资源，而是说这不是值得考虑的全部。

我们从非结果论观点出发，会怎么思考这些争端呢？出发点必定是尊重人这一观念。我们可以通过思考我们对利益最大化原则提出的两种异议，来思考非结果论者会如何思考我们这两个教例。

首先，非结果论观点允许我们把历史考虑进来。尽管未来值得考虑，但过去也是如此。我们可以争辩说，尊重各人的尊严和价值，允许我们（或许是要求我们）竭尽全力去纠正对人做过的不正义。恢复人们要是没有成为某种不正义的受害者本就享有的处境，乃是表明我们完全重视其价值的一种方式。同等尊重人就有了补偿正义的用武之地。

这并不是对事项进行判决。我们的教例并未断言泰尚作为个体遭受过不正义。尽管非洲裔美国人作为群体一直饱受种族主义之害，但我们并没有断言泰尚是种族歧视的受害者，或者断言这种歧视是他数学表现的原因。这个教例倒是暗示泰尚可能作为一个群体的成员而处境不利，而这种不正义可能有其历史的根源。泰尚处境不利,可能是因为美国种族主义的长期后果,而不是因为某种特别针对他的歧视行为。这就使补偿正义有了正当理由吗?我们应该认同泰尚有权得到补偿正义,这个观念要求我们对这些争端以及更多的争端进行讨论。我们确实要断言的是,非结果论方法把这些争端摆上了台面,因为它使补偿正义有了正当的理由。

对利益最大化原则的第二种批评,是它准许不公平交易。在讨论分配资源为什么要考虑教学受益能力的时候,我们提到应该这样做的一个理由是把资源用在那些最能充分利用它们的人身上是会使人人受益的。可是我们进而注意到利益最大化其实并不要求人人受益,它的应用也往往不会导致人人受益的结果。利益最大化要求我们采取产生最高平均值的资源分配。这样的要求跟一些人的福利与另一些人的福利之间的交易相吻合。其实,它跟给一些人极大损害的交易相吻合。

一种具体的资源分配只有在实际上确实使人人受益更多,我们才应当采取这种分配。假定我们想持有这样的观点,可能意味着什么呢?采用哲学家约翰·罗尔斯的一种观点[1],可以给这个问题构建一个答案。(我们运用他的观点有些随意。)罗尔斯提出一条原则,这条原则意在回答有关正义社会可容许各种不平等的问题。他的立场是,不平等只有在它有利于每个人的时候才是可许的。我们必须通过审视这种分配如何影响那些获得较少份额的人,去决定何为有利于每个人。罗尔斯说,正义要求分配有利于处境最不利者。我们必须从处境最不好的人的角度去评判不平等。如果一种不平等使获得较少份额的人受益,那么,这种不平等就是可许的。否则,就是不许的。

这样一条原则可以借助同等尊重人这一观点加以论证。我们怎么来决断我

---

[1] John Rawls, A Theory of Justice. Combridge, Mass.: Harvard University Press, 1971.

们是不是对每个个体的价值表现出了同等的尊重呢？我们做出这种决定，所依据的是我们能够表明我们社会中处境最不好的人如他们所能那样处境良好。我们必须表明现存的任何不平等都是为了造福所有的人，就连处境最不利者都分享到其中的福利。就像一些经济学家表述的那样，我们必须使社会最低保障最大化。

让我们把这种观念运用到许不许开办像荣誉代数班这类颇具罗斯福高中课程特色的班级这个问题上。我们可能会这样提出争端：假定就没有荣誉班，所有学生都上代数课，老师以同样的方式教所有的学生。可是我们现在正在考虑创办一个荣誉班。向往这种班的人宣称每个人都将受益更多。如果我们要通过照看处境最不利者的福利来对这个提议作出裁决，那就需要表明那些未被这门荣誉课程选上的人因为这门课程的存在而受益良多。这可能吗？

这是可能的，其原因有二。首先，学校可能给了那些没有被荣誉班选上的学生更加切合其能力的教学。果真如此的话，他们实际就可能学到更多。这样一来，如果我们强调提高成绩的目标，这门课程就可能提高所有学生的成绩。这就是对分轨制比较常见的论证之一。其次，如果我们开设荣誉课程，被录取的人上大学的前途就会得到改善，他们会增加科学家和工程师的供应，并且会创造出使那些未被该课程录取的人的前途得以改善的产品和工作岗位。如果事实无误，那么，荣誉课程的存在就和我们应该着眼于对处境最不利者的后果的检验相吻合。

为什么说这是一种非结果论的观点呢？毕竟它是通过察看后果来做决断的呀。答案是，尽管我们需要察看后果以决定何种分配有利于每个人，但是这条规则本身并不谋求使什么东西最大化。它谋求的是我们对所有人的尊严和价值表示同等尊重。这种论辩宣称，我们做到这一点，靠的是谋求把人当作个体而不当作计算均值时无足轻重的人来对待的政策和实践。如果我们容许以某些人的福利为代价去增进平均福利，就会把处境不利的个体当作他人福利的手段来对待。如果我们强调处境最不利者的福利，就表明了对所有人的尊重。

这给了我们理由录取泰尚进荣誉班吗？它最有可能给了我们一个理由不开荣誉代数课——至少不以罗斯福高中实施的方式开设这门课。随着这门课在罗斯福高中实施，其功能貌似要把一小撮能人从他们几乎没有准备好的同班同学的拖累中"解放出来"。它不像是要谋求教好这些学生。有鉴于此，我们相信这门课程本身因其当下的运作是得不到辩护的。

如果我们假定这门课程将一如既往继续下去，那就要问录取泰尚会如何影响他的教育以及其他学生的教育。同样的论辩暗示泰尚上荣誉班会使这个班对其他学生几乎没有影响，也暗示如果泰尚分在一个非荣誉班，他在那里会使那个班受益更多。学生们相互学习。如果泰尚比班上其他学生能干，他就可能改善这个班。

如果我们吃不准泰尚上这两个班会不会在班上造成显著差异，那么这就算是录取他进荣誉班的一个理由了。我们可以使他受益更多，又不损害其他任何人；如果所有其他方面都是同等的（那是不可能的），我们就该这么做。

如果我们把这些论辩运用到残障学生，它们就会提示一种令人信服的证据，给苏珊提供她在班上有效学习所需要的各种资源，即使所需资源十分广泛。如果时间是一种稀缺资源，那么，蒂尔女士用在苏珊身上的时间比用在其他学生身上的时间多，甚至多了许多，就可以被证明是正当的。为什么呢？回想一下我们想要最大限度提高平均成绩这一观点的困难。这种观点预示着我们投给高需求学生的资源急剧减少，因为，如果我们把这些资源投在其他学生的学习上，就能够挣得更多的学习。可是，这样的观点不能尊重残障学生的同等价值。为了更有能力的（或者受教育更不费力的）学生的学习，残障学生的学习被牺牲掉了。

这说明在课堂上被我们应当视为处境最不利者的学生，往往就是像苏珊这样的高需求学生。因此，我们应当乐于提供更多的资源给这样的学生。我们通过表示我们重视我们当中的最弱者，来表示对所有人的同等尊重。

还有一条论辩的路线要考虑。我们在考虑"布朗案"时提出可以用两种不同的方式思考"布朗案"。我们说过,可以把它看成是在主张一种教育机会均等学说。所有的学生都应该得到均等的成功机会。可是我们也可以把"布朗案"看成是在主张一种民主社会的观点。在民主社会里,所有的人都应该受到尊重,并且受到同等的重视。因此,我们对我们社会中的某些个体表示蔑视和贬低,以这样一种方式采取行动是不合理的。

这种论辩提示了两件事。其一,它提示我们可以从表现上去评价各种社会机构及其成果。社会机构在某种意义上对我们说话。当我们发现社会上越令人向往的处境,少数民族群体的成员就系统地越少享有时,就表现出我们认为未被充分代表的人的价值小于其他人的观念。我们观察一个课堂时,发现残障学生不在那里,或者发现他们由于班级行为方式而实际地受到排斥时,这就表现了他们更少价值或者比其他人更少价值的观念。与此相反,当我们发现穷学生和少数民族学生在我们的公共机构中有合理比例的代表时,当残障学生被尽可能多地全纳时,这就表现了对所有人的平等和尊严的承诺。

其二,我们根据公共机构的表现来对它们进行裁决,这种观点是一种非结果论立场。它以同等尊重和相容性的标准去作出是全纳还是排他的裁决。如果我们思考应该如何对待少数民族或残障人士,就应该把自己看成是少数民族或残障人士。我们会想要什么待遇呢?

这些论辩并不是不理会受益能力的重要性。有的时候我们确实希望把资源集中在那些最有能力的人身上。所要做的是去帮助我们看到受益能力在不同背景下的相关性,而不是强调最大限度地提高大成绩,或者使经济生产力最大化。它提示我们以三条标准作出是全纳还是排他的裁决。

首先,在大多数情况下,我们不应根据种族或全美教育协会规范所列的其他因素作出决定。但是,为了救济过往的不正义,可以考虑这些因素。

其次，我们可以考虑受益能力，但是必须以一种不会使高需求学生处境不利的方式去考虑受益能力。我们需要以人人受益的方式分配资源。通常一个有用的标准是看看我们的决定是不是增进了我们当中的处境最不利者的福利。

最后，我们应该从我们的群体表现出何种承诺的角度审视它们。它们是表现出了一种对所有人的同等价值和尊严的承诺，还是表现出了特权和排他性呢？

方法上的反思

请注意我们在这里对论辩做过的几件事情。其一，我们认为，重要的是注意到结果论和非结果论的学说都可以给出我们之所以要重视机会均等的理由。差别在于两者为这种观念提供了不同的辩护。我们构建教例，故意突出这些不同的思维方式之间的差别，是因为我们认为这在教学法上是有用的。与此同时，我们认为，重要的是注意到大多数道德理论对许多基本的道德问题往往都给出了相似的回答。其实，它们若不这样，我们就不可能接受它们。毕竟，我们论证过伦理探究肇始于我们的道德直觉。我们在种种难案上力求做的是，通过揭示种种维护我们的基本直觉、同时为它们提供依据并且解释我们为什么必须拒斥一些乍看起来颇具说服力的直觉的道德原则，去建立一种反思均衡。

由此推论，相互冲突的道德理论在理解难案时最有用处了。正是在难案中我们才需要深入地探究核心原则的辩护。但是你不要从我们众多难案中得出结论，说我们认为那些难案是少有道德共识的，也是难有道德共识的。事实上，绝大多数人认为谋杀、偷盗、撒谎是错误的。他们无需伦理理论就知道这一点。需要理论探讨的是难案。

其二,重要的是注意我们的讨论中事实与道德原则之间复杂的相互作用。甚至对于非结果论学说也是这样。这些学说以诸如尊重人和相容性之类的标准,而不根据什么才使某种利益最大化,对结果进行裁判,但是若没有事实我们还是不能将它们应用于这个世界的。

这个部分的评论和讨论好像可能会模糊结果论和非结果论之间的区别。我们认为这是一件好事。在做这种区别时,我们希望你注意不同的伦理学说带来了不同的标准去支撑事实判断,但是我们并不想传递缺乏事实也可以作伦理判断这种观点。

补充教例

平等但隔离

西尔万的鹿园学校是新麦迪逊县联合学区的一部分,这个学区将教育设施与管理进行了有计划的整合。这个新系统在一个核心的县行政统筹下,将杰斐逊市的老学校(近些年的生源构成主要是少数民族和城市贫民)和富裕郊区的现代学校进行了合并。这项计划是在杰斐逊市居民和联邦律师共同施压下制定的,他们目的是要保证本地区学校的教育均衡以及一种可以接受的种族平衡。这项计划还给市区学校提供了额外的补贴以及得以改善的各种服务。在这项计划之下,许多来自杰斐逊市的学生都在像西尔万这样的周边小镇上学。

这个新的县级体系对教职员工做了有限的调整,一些教师跟着这些学生来到了他们的新学校。四年级教员罗斯玛丽·安德森就是其中之一。十年前,罗斯玛丽随教师团来到杰斐逊市,后来就留在了这座城市的学校系统里。她在这些学校任教的岁月满载斗志和幸福。她和她的同事们用微薄的资源以及自身的决心和想象力，努力工作，为那些处境不利的学生提供像样的教育。杰斐逊市这一期教育实验结束时，罗斯玛丽有点感伤，但她深信从长远来看，新体制对孩子们是最有利的。她决定转到鹿园学校工作，其中有一部分原因就是想在新项目中跟随这些杰斐逊市的孩子们继续进步。

开学第一天，罗斯玛丽一进课堂，就发现她跟随这些孩子跟得比她预想的还要紧。班上大多数孩子都来自杰斐逊市。向另一位教师请教之后，罗斯玛丽才发现四年级另一个班的学生全部来自西尔万区。在她看来，这种情形不符合创办统一的县级学区之协议的精神和宗旨。鹿园学校目前这种安排只会永久保持事实上的种族隔离和经济隔离，并且使制定联合计划去鼓励的那些可望的教育目标减少到了最低限度。她班上的孩子与其他班级学生几乎没有来往，对于西尔万的孩子来说他们一直会是陌生人，是可能的对手。鹿园学校似乎放弃了指导种族互动和文化互动的官方责任，而这种互动在麦迪逊县对于给生活带来痛苦的分裂可以起到缓解作用。放弃这种责任只会损害两区孩子的利益。在某种极其真实的意义上说，这所学校是一种教育上的失败。它在实施上不民主，没有真正废止种族隔离。罗斯玛丽·安德森决定就这件事和校长对质。

鹿园学校校长罗伯特·夏尔是西尔万居民，他试图平息罗斯玛丽的怒火，对目前学校的安置方针做了解释。鹿园学校和西尔万人都愿意服从联合计划的条文，但是他们也想保持学校的教育质量。多年以来，鹿园学校开发了一套非常先进的、统一的课程，并且十分成功地完成其教育任务。杰斐逊市的孩子需要时间来适应这套新课程。还有，这些从城里来的学生在教育上的进展不及他们的新伙伴，阅读和数学标准测试得分表明了这一点。把这些学生的成绩提高到适当的年级水平上还需要时间。在这样的情境下，夏尔先生认为要是不顾学力，将学生混在一起，就会破坏教学，对这两群孩子也不公平。夏尔先生请求罗斯玛丽对现状耐心一点。

若干问题

1. 这是一个说明差异导致区别的例子吗?杰斐逊市的孩子们应该为他们在阅读和数学方面的不良表现而遭到区别对待吗?

2. 很明显这是一个法律推行的废止种族隔离的教例,新安排可能符合法律的字面意思,但不符合法律的精神和目的。这是一个可以有意义地分开来问何为合法和何为合乎伦理的教例吗?在这里哪个问题应予优先考虑?

3. 想象一下你就是罗斯玛丽。请用恰当的伦理原则和观念构建一份论证,你会把这份论证呈送给夏尔先生,如果不能说服他相信你的立场,你还可能会呈送校董会。

4. 我们说过,事实在重要意义上是伦理推理的一个部分。你能不能改变一下这个教例中的事实,以证明对杰斐逊市的孩子们继续进行隔离是正当的呢?

全纳?

上周四,德米特里·卡尔波夫在放学后接待了两个学生,肖恩·奥马利和胡安娜·弗兰克。他们说他们代表汉诺威高中当地的同性恋俱乐部。下周这个俱乐部好像要发起一项聚焦同性恋学生欺凌的活动。肖恩和胡安娜想在他的社会研究课上发表一项声明。声明会说两件事。一是呼吁学生们帮忙,终止对同性恋学生的欺凌。学生们被要求佩戴一枚纽扣,上面有一句简单的"终止欺凌"的广告语。二是学生们会被邀请去参加同性恋俱乐部的一次集会,讨论欺凌的争端。

这两个学生清楚地认识到他们所想的事可能会被一些人看成是有争议的事。他们做了充分准备。他们写下一个声明,用要点描述想要做的事情。此外声明还说他们的目标是抵制欺凌,确保对同性恋学生宽容。声明说,凡是与欺凌无关的事情,都不讨论,不提倡。没人会谋求为同性恋俱乐部招募新成员,也不会提倡同性恋的生活方式。会议聚焦于欺凌。胡安娜问,他们可以用五分钟上课时间请求学生们戴上纽扣来集会吗?

卡尔波夫先生仔细地对照一份快速心理检查清单。同性恋俱乐部是合法的校园俱乐部吗?是的。它和包括青年共和党、青年民主党、基督徒俱乐部在内的宣传团体一起,列在官方名单上。胡安娜和肖恩所要传达的信息合法和合适吗?卡尔波夫先生认为合法合适。汉诺威高中确实有过欺凌的争端,同性恋学生就被人欺负过。他看不出有理性的人怎么可以反对这些阻止欺凌的信息。而且同性恋俱乐部的学生已经非常仔细地讲清楚了他们在班上要做的事情和集会要做的事情仅限于欺凌争端。他唯一真正吃不准的是他不确定他该不该让他们用上课时间发表声明。毕竟,汉诺威有许多社团可能想在班上进行大量的活动宣传。他可不想自己的课变成类似公告栏的玩意儿。

可是,他最终还是同意了。毕竟,他是一个公民课老师,这堂课又是公民课。这难道不是行动中的民主吗?他想应该制定一项政策,让宣传俱乐部的学生可以在他班上宣布偶尔举办的特殊活动,只要一周不超过一回。他会在胡安娜和肖恩发言之前将这项政策告知学生。他说他们可以在下周三发布他们的公告。

可是到了下周三,卡尔波夫先生很快就后悔自己的决定了。班上最后一排有三个学生穿着互为补充的汗衫。第一件上面写着"上帝谴责同性恋"。第二件写着"同性恋者可治愈"。第三件写着"为基督徒自由言论"。卡尔波夫先生决定不搭理他们。他又错了。胡安娜和肖恩站起来发布公告时,很快就注意到了这些,并且明显受惊了。胡安娜结结巴巴地说出她的那部分公告。肖恩所能做的只是使劲地忍住不掉眼泪。

卡尔波夫先生判定,让胡安娜和肖恩继续遭受他迟迟才看出的这种尴尬,对他们是不公平的。他请那三个身穿冒犯人的汗衫的学生跟他出教室去大厅,他在大厅里请他们脱下汗衫。他们拒绝了。事实上其中一个叫彼得·德克斯塔的学生宣称,他们就是要利用一下卡尔波夫先生的新政。基督徒俱乐部将在下周发起一场题为"基督徒对同性恋的看法"的展示活动,他们想在他的班里宣布这项活动。

卡尔波夫先生实在搞不清有什么基督徒对同性恋的看法这种事儿。对他而言,宗教人士在这件事情上貌似有很大的分歧。但他判定让这些学生来一场神学论争不会有什么助益。于是,他将三个学生带到校长室。他向校长弗莱彻女士解释了发生的事情,校长脸上挂着一副"天哪!谢谢你给我带来这种破事"的揶揄表情。但她还是力挺他。她给这几个学生解释说,尽管她确信他们忠于自己的信仰,勇于表达自己的想法,她也确信他们不想伤害任何人,可是他们的观点还是伤害了同性恋俱乐部的学生,所以她不得不要求他们脱下汗衫。学生再次拒绝,并且再一次要求给他们时间公布基督徒俱乐部下一次集会的话题。

弗莱彻女士告诉他们,除非他们脱下汗衫,否则就指定他们去自修室,她还会带他们去一间空会议室,这一天接下来的时间里他们就在那里度过。卡尔波夫先生回到班上,试着继续上课。

第二天,卡尔波夫先生在空闲时段被叫到弗莱彻女士办公室。三个学生还穿着冒犯人的汗衫。他们由他们家长中的两个以及一位姓王的律师陪同。王先生表示他代表这三个学生,还表示他跟一个名叫"为自由言论的公民"团体有来往。他摊牌说:"卡尔波夫先生,弗莱彻女士,这个争端是一个自由言论的争端。您给了上课时间让一个宣传团体表达观点,您就必须给时间给持其他观点的宣传团体。况且,他们的观点根源于宗教,这个事实不造成任何差别。宗教观点也是观点。您不能给希望提出同性恋议程的人提供讲台,给那些对犹太—基督教传统持反对观点的人提供讲台,却不允许宗教人士反驳他们。法律对这些事情的规定是很清楚的。"

卡尔波夫先生并不服气。他根本没有兴趣把自己的课堂变成一个争论社团,争论包括同性恋者权利在内的当今社会热点问题。他的兴趣在于创建一个全纳课堂。同性恋者俱乐部的学生如果没有因为他们从其他一些学生中获得的待遇而受到明显威胁的话,他们也常常是显得安安静静的。他忍不住想问一问这位律师,基督教教义是如何为欺凌同性恋俱乐部的学生辩护的。何况,他并没有把自己的课堂交给同性恋俱乐部学生去提出任何同性恋议程。他把课堂交给他们是让他们去邀请人参加一个讨论欺凌的集会。对他而言,终止欺凌似乎是创建全纳型学校一个必不可少的部分。不会讨论同性恋议题——何况他也否认有可以叫做同性恋议程的那档子事情。

他正要跟王先生说道说道,这时弗莱彻女士说:"王先生,我怀疑法律是否有你说得那么清楚。在我们继续交谈之前,我得咨询一下学区律师。"她给卡尔波夫先生使了一个眼色,意思是"闭嘴",一瞥可尽千言万语。他果真闭上了嘴。可他离开时冒出另一个念头:"如果学校力图通过保护同性恋俱乐部学生的权利成为全纳学校,它也能找到一种办法将那些与同性恋持相反宗教信仰的人全纳进来吗?"

若干问题

1. 我们在本章论证了民主学校乃是所有的人都受到同等重视的学校,这就是我们所说一种表现权。学校的机构和实践必须表现全纳性。学校应该如何表现出对同性恋俱乐部学生的全纳呢?帮助反对欺凌表现了全纳吗?学校如何才能将那些持反对同性恋的宗教信念的人全纳进来呢?

2. 讨论智力自由时,我们提示智力自由服务于重要的教育目的和公民目的,因此应当容许人们主张不受人欢迎的立场。我们还提示学校中的教育者有权出于教育目的管理学生的言论自由。自由言论的观点要求我们将宽容不受人欢迎的观点扩大到宽容有害观点吗?一种教育目的可以证明学校限制那些可能说话伤人的人的言论自由权是合理的,这种教育目的有全纳性吗?那三个学生汗衫上的广告语是一种仇视言论形式吗?可以把它们看成是一种欺凌吗?

3. 卡尔波夫先生和弗莱彻女士将这个争端看成是一个涉及全纳的争端。王先生认为它关乎自由言论。谁对呢？

4. 我们也可以把这个教例放在第三章或第五章的最后。之所以放在这里，是因为我们想扩大这个争端的范围，把它包含在民主社会的创建之中。我们可以把这个教例放在别的地方，这个事实告诉了我们某些有关难案性质的东西吗？

进一步探究

1. Brighouse, Harry. "Educational Equality and Justice." In *A Companion to the Philosophy of Education* edited by Randall Curren. Oxford: Blackwell, 2003.
   讨论教育机会均等。

2. *Brown v. Board of Education* 347 U. S. 483.
   最高法院宣判种族隔离的学校违宪的案件。

3. The Civil Rights Project. http://www.civilrightsproject.ucla.edu/
   研究教育不平等的一个很棒的资源库。

4. Fischer, Louis, David Schimmel, and Leslie R. Stellman. *Teachers and the Law*. 6 ed. Boston: Allyn and Bacon, 2003. Chapters 14–16.
   有关种族不平等法和残疾人权利法律的一个资源库。

5. *Board of Education v. Rowley* 458 U. S. 176.
   最高法院关于残疾人权利的第一案。

6. Howe, Kenneth R., and Miramontes, Ofelia. *The Ethics of Special Education*. New York: Teachers College Press, 1992.

讨论特殊教育背景下发生的伦理争端。

7. Kittay, Eva Feder. *Love's Labor*. New York: Routledge, 1999.

    以特殊教育的特殊相关性, 讨论依赖和正义。

8. Landenson, Robert F. "Inclusion and Justice in Special Education." In *A Companion to the Philosophy of Education*, Edited by Randall Curren, 525-39. Oxford: Blackwell, 2003.

    讨论对残疾学生的全纳。

9. *Parents Involved in Community Schools v. Seattle School Dist. No. 1*

    在这个案件中, 最高法院判决那些按种族分配学生的自愿废除种族隔离计划是违宪的。

10. Rawls, John. *Justice as Fairness: A Restatement*. Cambridge, Massachusetts: Harvard University Press, 2001.

    罗尔斯是美国20世纪后半叶最著名的政治哲学家。本书是他《正义论》的最后一版。

11. Strike, Kenneth. "Toward a Moral Theory of Desegregation." In *Philosophy and Education: Eightieth Yearbook of the National Society for the Study of Education*, edited by Jonas Soltis, 210-35. Chicago: University of Chicago Press, 1981.

    本书讨论最高法院案件中隐含的道德理想。

（黄向阳　译）

第 5 章

多样性：多元文化主义与宗教

两则供思考的教例

古陆与创世说

保罗·赫胥黎是古陆公立学校生物先修课教师。古陆是一个非常富裕的学区，拥有为数众多才智非凡的学生，他们中的许多人将古陆学校提供的先修课程视为通往名牌大学和好工作的必经之路。

保罗·赫胥黎的课程包括一个有关自然选择的拓展单元。保罗将进化论视为现代生物学的核心。他意识到这个单元会给那些比较虔信宗教的学生带来困扰，这些学生出于令他费解的原因认为进化论与他们对上帝的信仰是不一致的。他小心翼翼以免这些学生尴尬，但他还是注意到一些学生在这个单元一言不发，有几个还显得心不在焉。可是，最近情况有变。保罗注意到在进化论单元有些学生开始以一种奇怪的方式发言。他们回答问题时话里藏锋，小心地将进化论描述为"一种理论"，并用"按照进化论者的观点……"之类的表述来介绍自己的见解。类似话语在作业和测验中冒出。有时保罗甚至会遭到挑衅性的质疑。上周就有一位学生问他自然选择怎能解释翅膀的进化。这位同学指出,根据进化论的观点翅膀不可能一次便完整地形成,可半个翅膀必然没有任何存在的价值。尽管保罗并没有被这种质疑吓住,事实上他为质疑所表现出来的思想感到高兴,但他对学生态度的转变感到很困惑。更令他困惑不解的是,事实上那些突然开始使用奇怪表述方式并且变得喜欢争辩的学生,在这个单元上也取得了出奇好的成绩。其实有的时候他们看上去好像知道他并没教过的东西。

有一天,保罗问一个叫苏珊·斯通的学生为什么坚持使用上面提到的那种表述方式。苏珊显然被这个问题吓到了。但在保罗稍许耐心和再三保证之下,他设法从苏珊的口中套出了事情的来龙去脉。事情大致是这样的:当地有个牧师为保罗的学生及当地其他教区的学生组织了一个有关进化论的研讨班。这个研讨班和保罗的进化论单元同时进行,意在反驳进化论。由当地一名土木工程师卡尔·布赖恩负责教学。如果苏珊所说属实,那就意味着这个研讨班每年都会设法招收保罗班上5至10名学生。研讨班致力于向学生讲述关于人类起源的创世说,并且讨论反驳进化论的证据。它鼓励学生学习保罗所教的内容,但也教学生用一种无助于他们实事求是的语言去描述学到的东西。苏珊鼓足勇气在临别时说了一番话,让保罗久久不能平静:"您知道的,赫胥黎先生,您给我们的是非常片面的说法。您没有告诉我们任何反驳进化论的证据。布赖恩先生却告诉我们了。您为什么不呈现双面证据呢?您为什么像对待傻瓜一样对待创世论者呢?您害怕什么呢?不管怎样,我们已经把学到的都告诉了其他同学,现在没有人真正相信您那无神论的谎言了,也不会有人再感到被你奚落了。"

保罗·赫胥黎对此做了一段时间的思考。他不是无神论者,也不喜欢被人称作骗子。他只是在教他的学科。可是,鉴于学生们正在学这些材料,还在先修课考试中取得了好成绩,他不能肯定其中有什么问题。但最终他认定其中有问题。问题不仅仅是有人在教他的学生拒斥对于他来说在他所教的领域中看来已有充分论证的发现,尽管这的确令他烦恼。问题还在于学生们接触到两种相互矛盾的观点,却没有机会听取有关各自优点的辩论。他想得越多,就越发觉得这有悖于他所理解的好的教育。此外,苏珊对他教学的反应也让他很难过。他不认为自己奚落过谁。他只不过道出了真相而已。难道人们仅仅听到一种自己同意的观点,就会受到伤害么?他没有撒谎,也没有逼人相信。难道现在连实话实说都有错吗?

最后,他带着两个问题,去找校长贾尼斯·密克。第一,"我想以某种方式在班里解决这个问题,我该说什么?"第二,"我可以在放学后组织一场研讨会,邀请卡尔·布赖恩牧师、所有的学生及其他一些人来讨论这个争端吗?也许我们可以开诚布公就此讨论几周。"密克女士认为,保罗应该在班上说出,但她不确定说什么。她觉得举办这样的研讨会,就像你把头伸进蜂窝里一样可笑,再者这么做可能不合法。学区律师认为:"既然从没有人鼓足勇气尝试过,那很难说这么做是不是合法,但我认为可以以一种在法庭上站得住脚的方式去做这件事。"校长对律师的观点很惊讶,但她也确实能够理解保罗的想法。

新港与伊洛魁人联盟

玛丽·卡特是新港高中社会研究部的负责人。最近她被叫到学监办公室,并被分配了一项出人意料却有趣的任务。她不确定究竟要做什么。下面是学监艾斯特本博士的话。

玛丽,我刚刚接待了一个从保留地来的代表团。一位名叫肯·里·弗兰斯的先生是代表团团长,他似乎还是个什么首领。他告诉我,他那些在新港高中就读的学生与我们的课程疏离。我不确定我知道疏离是什么意思,但上帝知道他们有时做得确实并不很好。他说他们厌倦了来这所无视他们文化、打击他们自尊心的学校上学,还说我们得做些事情以表示对他们文化的尊重。他认为这会在他的人民中建立自尊,印第安学生也会做得更好。

依我看,他也许是对的。这有点超出了我的经验。但肯·里·弗兰斯看上去像个好人。他没有挑衅,他是真的关心他的孩子们。我不认为我们对他们做得很好,你觉得呢?

不管怎样,我告诉他,我们会采取多元文化措施,讨论伊洛魁文化以及伊洛魁人对美国的贡献。社会研究看来像是做这件事的地方。你想怎样提议?你给我们找要教的东西吧,我会把它排进课表。

新港是纽约州北部一个乡村学区,与一块印第安人保留地交接。这块保留地上居住着一个部落的成员,该部落隶属于伊洛魁同盟。保留地东部的学生就读于新港高中。还有其他一些不住在保留地的美国土著人,也在该校就读。事实上,学区内 20% 左右的学生都声称有伊洛魁人血统。来自保留地的学生往往都很穷,他们在学校往往也不积极。他们一到 16 岁,往往就会退学。

玛丽并不相信设置一两个有关美国土著文化及其对美国贡献的单元会大有助益。她不相信有关伊洛魁文化的教学会根除多年贫穷与压迫所造成的影响。还有,就她所知,印第安人过去一直是受压迫的对象,所以她不确定他们有多少机会为美国文化做贡献,除非有人认为成为某些有辱人格的电影的攻击对象也算是一种贡献。她担心,细看伊洛魁的某些历史片断会让美国土著学生感到更加疏离。更重要的是,她不确定用伊洛魁人联盟的讨论替代一些数学和英语课对于改善这些学生的前途是必需的。尽管如此,她还是想尝试一番。

玛丽在研究这个话题时惊喜地发现,近来多名学者提出了一个观点,即殖民地时期伊洛魁人联盟的政府组织形式对美国宪法起草者的观点产生了重大影响。有两件事似乎可以说明这种断言的真实性。首先,伊洛魁人确实拥有一套具有广泛民主特性的政府形式。首领是选举出来的。他们在一个议会中经过多次讨论,达成一致意见,并最终做出决定。在现今伊洛魁民族处理事务时,此种政府形式依然很重要。而且,与美国政府的立法者仅注重眼前利益不同,伊洛魁人会考虑他们所做决定对未来七代人的影响。伊洛魁人关于政府的观念有许多令人称道之处,美国国会可以从伊洛魁人那里学到很多。

其次,尽管我们有理由认为本杰明·富兰克林及其他参与拟定1787年宪法草案的人知道伊洛魁联盟政府的组织形式,但是,有关伊洛魁政府模式对美国宪法的起草产生重大影响这一论断,仍然极具争议。虽然此种观点可以找到论据,但还不足以说服大量持怀疑态度的历史学家。所以,有关事实的真相仍处于讨论之中。随着研究的深入,玛丽认为,虽然伊洛魁政府体系有很多令人称赞的地方,但它不太可能对宪法制定者的观念产生任何实质性的影响。当然,她愿意研究伊洛魁的政府体系,并期待讨论它对宪法起草的贡献。但把这件事放在桌面上进行公开讨论,是否能提供伊洛魁人所寻求的那种文化肯定,她并没有把握。

玛丽还有另一个难处。最近,她接待了卡拉·詹姆斯的来访。卡拉是一名本地的内科医生,而且更重要的是,她是新港中学校董会的主要代言人。对于玛丽要开设一个单元来探讨伊洛魁文化的计划,詹姆斯医生有些不快。她将此理解为一种分裂行为。在詹姆斯医生看来,"我们需要停止告诉人们,他们曾经如何受压迫,他们的文化多么独特,多么有价值。我们应该做的是,着手帮助他们将自己看成是美国人。多元文化只会延续少数族群的疏离、隔离和经济排斥。如果我们听之任之,在不久的将来,美国就会像波斯尼亚那样分裂成一个个小国家"。

争 论

甲:我们的民主最了不起的事情之一便是它的多元主义。美国由来自世界各地的不同种族、不同宗教信仰、不同国家和文化的人组成。我们互相学习,和平、和谐地共处。

乙：等一下！我们的历史,即使是最新近的历史,并不充满和平与和谐。我们的历史充斥着种族暴乱、教堂被焚、激烈对抗、游行、爆炸、联邦调查局和烟酒枪械管理署的紧急搜捕和包围。多样性不是和平的催化剂,而是仇恨、歧视和制裁性地使用暴力的催化剂。

甲：当然,这样的事发生过。但如果你把国家作为一个整体来看待,这些事情从统计上来说就微不足道了。99%的人同与自己不同的人相处融洽,或者至少会宽容异己。宽容是我们解决差异的办法。

乙：但仅仅承认和意识到差异并不能解决问题。白人99%的时候对黑人另眼相看,而且在内心里会无意识地把自己看得高人一等。黑人在很小的时候,便知道自己是不同的。当白人以某种方式对待他们时,他们会感到一种低人一等的苦痛。类似的情况,同样出现在犹太人、重生的基督徒、西班牙人、美洲土著人、亚洲人以及在我们这片土地上居住着的其他少数族群身上。小孩子们从他们的父母、其他权威人士以及同伴那里获得这种低人一等的信号。在潜移默化中,他们便学会了感知差异。我们在学校里努力教授宽容,但差异的根已经长得很深,并且在我们孩子的心灵上留下了疤痕。

甲：很有诗意！但你对问题的描述,恰恰暗示了解决的办法。学校必须成为宽容的沃土,用榜样和潜移默化的方式教授宽容。需要研究不同的文化,赞赏它们的贡献。同时,也需要将不同的宗教作为人类建构精神世界的不同方式,来加以研究与理解。

乙：哦,现实点吧！学校没有足够的时间去教世界上所有的文化。即便有,我们该采取谁的文化评判标准,来确定什么是"有价值的"贡献呢？标准因文化而异。讲授有关不同宗教的知识,同样是危险的。在某种意义上它们全都对吗？如果要求你去欣赏他人所持的某种与你相反的精神信仰,你自己的精神信仰会受到什么影响？没有真正的宗教吗？真理没有价值吗？

甲：在这里,真理不是要点,宽容和理解才是。我们在多元主义的、文化多元的民主社会中需要的,是学会和平共处、尊重差异,而不是在一起说出真相。

乙：你是说真理在我们学校或民主社会中不重要吗？我简直无法相信！

概念和争端

宗教多样性与多元文化主义是非常复杂的争端。对此我们只能作肤浅的探讨。我们想集中讨论教例中所呈现出的四个争端。首先是疏离与自我认同的争端。一些学生之所以与学校相疏离,是因为学校拒绝讨论与他们是谁相关的一些事情。赫胥黎先生班上的一些学生感到,他对他们的宗教信仰怀有敌意。新港一些伊洛魁族学生感到,他们的文化受到忽视和蔑视。其次,有一个关于真理及由谁掌握真理的争端。在赫胥黎的班级中,人类起源的话题引起了争论。在新港,让玛丽·卡特感到担忧的是,将伊洛魁人对宪法的影响作为一个公开的、可争论的话题这一做法。她担心伊洛魁族学生会感到讨论与个人的利害相关,将讨论中涉及的任何质疑视为对自己的一种羞辱。学校是否有权传授一些与人们的宗教观点不一样的观念？是否有权提出与不同文化之价值或贡献有关的问题？谁可以决定学校可以视什么为真理,或可以对什么问题进行公开辩论？当学校对真理的观点似乎会给学生带来痛苦的时候,它是否有权按此真理行动？第三个是对话的争端。保罗和玛丽都认为,需要对有争议的话题进行辩论。他们可能都赞同穆勒的观点,即认为真理最好透过自由而公开的论辩寻得。所以,他们对学生在学校中学习某件事、在教堂中又学习另一件事的状况表示不满。同时,对于因为要避免可能会冒犯某些人而回避一些难题的做法，他们也不满意。但是，由谁来制定讨论的规则，又怎样形成一场公正的辩论呢？谁拥有关于议论的真理或规则？最后，是有关一与多的问题。学校是否应该为创造一种共享的美国文化而努力？还是应该努力以一种平等的姿态，尊重每一种文化？如果学校遵循前者，少数族群学生难道不会受到压迫和疏远吗？如果遵循后者，我们的社会不会变得分崩离析乃至政治动荡吗？有中间立场吗？

我们在这一章要达成两个目标。首先，我们想提出一些有关多样性的观点。其次，我们想考虑一些与分析概念之充分性有关的问题，那是一些我们试图通过整本书教给你们的概念。整本书的展开如同两种广泛的伦理学理论间的辩论，一种是结果论的观点，一种是非结果论的观点。它们堪称现代伦理学的两大流派。现代性已经遭到一些通常被称为后现代主义哲学家的挑战。我们在此无法公正地评判这个复杂的争论，但请允许我们初步地尝试对其特征做一番介绍。

后现代主义者提出了众多的观点，其中他们认为，现代主义哲学家希望将所有事情均置于某种宏大理论的支配之下，但他们并未充分地关注多样性。现代主义者声称，不管我们之间的差异有多大，在某些重要方面我们总是一样的。正是此种一样，对于我们而言是至关重要的。虽然我们在观点、宗教信仰、族群、性别以及历史等方面均存在差异，但在这些明显的区别之外，我们都是人或者是功用最大化者（或二者兼而有之）。

然而，后现代主义者声称，我们之间的区别要比我们之间的相同更为根本。事实上，或许我们的相同只是一种假象。究竟什么是人？我们有关人的描述果真描述出了每一个人的某种真实特征（也是我们伦理生活的核心特征）吗？或许我们称之为人的这个实体只是一种不明何物的形而上的幻觉。甚至更糟的是，对于某一个体的描述，可能只是欧洲人眼中的人的典型化。或许它所做的，是试图将欧洲人的或男人的或白人的或基督徒的特征加以普遍化，而不是将普适的东西普遍化。按此，一种以人格为核心的伦理，便可能在无形中将一些人的文化或经验强加给其他人。与此类似，或许将人描绘为效用或快乐的最大化者，只是资本主义经济学家所持有的关于人的本质的一种实用式观点。而这一观点是服务于资本主义利益的。也许我们有必要停止寻找像人格那样是核心的且被人们共同拥有的一些特征，而需要关注差异和特殊性的重要意义。

现在来思考真理这一争端。许多哲学家已经提出，人类是通过在文化中获得的解释性框架来体验世界的。我们并不都是以同样的方式认识世界。或许我们生活在不可通约的不同世界中。或许根本不存在真理；只有女人或男人的经验，欧陆美国人、非裔美国人、西班牙裔美国人的经验，只有不同的真理以及看待世界的不同方式。我们所能拥有的真理，不过是那些基于我们的背景及假设了我们是谁之后才存在的。因而，所有的真理都是片面的和局部的。没有任何的真理是全部的真相。每一种真理都对持这种真理的个体的视角假设了某种东西。

请注意这些观点是如何彼此相联的。真理是片面和局部的这一观点，意味着我们不可能获得可真正普遍化的伦理学说。我们有不可化约的差异。所有的理论呈现的都是某人的特定经验。试图把我们看成一类人或功用最大化者的观点，最终都是将某人的真理强压下去，将其作为每一个人的真理。因而，所有致力于将伦理学普遍化的尝试均具压迫性。它们否认了我们是谁，同时，它们将别人认为我们应该是什么的界定强加在我们身上。

我们此处所陈述的并不是我们会接受的观点形式。但是我们非常重视类似的论断。首先，我们认为，它们对我们论述问题的方式提出了重要挑战。因此，我们觉得你应该获得思考这些观点的机会并应能从中有所获益。其次，它们给那些试图构建伦理学说的人提供了一个重要的启示。即使存在一些可以被认为是人类共有的东西，即使存在一些可以站得住脚的、重要且普适的伦理论断，我们仍需注意不要将我们的文化观点或我们自己的偏见错认为是这些论断。我们需要谨慎地检验任何的论断。特别是在与一些生活背景与我们迥然不同的人相处时我们更需要特别小心。第三，这些关切为教师在学校中所必须面对的多样性和差异性的问题打开了一扇特别有用的窗。

这里说一下我们接下来将怎么做。首先，我们将描述一种宗教和文化多样性的观点，这种观点强调疏离、差异及真理的视角性等主题。接着，我们会将这一观点同从非结果论及结果论两个角度构建的有关差异的观点加以比较。最后，我们会对各个观点的优势与不足做简要的评论。

激进多元主义

美国人是一个民族吗？他们应该是一个民族吗？学校有义务博众取多并化多为一吗？要合众为一吗？多年以来，许多教育者认为他们应承担起这样的责任。使移民美国化是学校的工作。通过学校，拥有不同语言、宗教信仰和生活习惯的人们被投入熔炉之中，并被塑造成美国人。在这一过程中，多样性的价值不仅被忽视，而且它也在培养一种人——即一个美国人——的名义下被泯灭。

当然，某些多样性是受到美国人尊重的。《权利法案》中有两项规定，通常被称为"确立宗教条款"和"信教自由条款"，内容是"国会不得制定关于下列事项的法律：确立国教或禁止信教自由"。但在实际生活中即便是宗教宽容也是非常有限的。直到20世纪60年代，很多州仍要求以颂读新教圣经并向上帝祈祷来开始一天的教学。宗教宽容往往只适用于不同的新教徒。事实上在19世纪，美国的天主教徒正是因为发现公立学校对他们的信仰持不友好的态度，才创办了自己的学校系统。

其他类型的多样性却不被美国人尊重。非洲人被贩作奴隶；土著美国人被驱往西部一度遭迫害几近灭种,并被限制在保留地里生活。对于少数族群及移民而言,他们很难发现自身的文化、宗教和种族受到美国人的尊重。一些人甚至会发现自己遭受了残酷的迫害与剥削。

公立学校尽全力使我们化多为一,或是使我们仿佛已合众为一那样行事,而这个一往往是信新教的白人,而且是北欧人。其他人要么被重塑进入这一模式,要么适应此种模式,否则他们只会被排除在外。

这样错了吗?如果错了,原因是什么?我们将探讨的第一种回答强调人们的宗教、文化与种族对他们的身份认同感具有重要意义,任何未能尊重他们的宗教、文化与种族的观点,都是一种反对这种社会性建构自我①的暴力形式。

在我们的教例中,学校否定或不承认那些对某些学生而言非常重要的东西,即他们的宗教或文化。但这与这些学生是谁及他们的身份认同有什么关系呢?一种回答是:人们的宗教、文化和种族不仅是与他们相关的一个事实,更是他们自我理解的核心。苏珊·斯通是古陆公立学校一名学生,也是个基督徒。"是个学生"仅是关于她的一个事实,而"是个基督徒"则是她是谁的一部分。如果转到另一所学校,她只不过是另一所学校的苏珊。但如果她不再是基督徒,她就成了彻底不同的另一个人。宗教信仰是她是谁的一部分。这对于许多伊洛魁族学生可能也是正确的。他们是伊洛魁人不仅仅是与他们相关的一个不变的事实:它是他们是谁的一部分。他们的种族或文化界定了他们。

如果是这样的话,那么可以给出尊重多样性的一个原因,即是不这样做便是没有承认——甚至是拒绝——人们是谁。这是在否定人们的价值。所以,对他们来说它确定是一种特别潜在的暴行。

---

① 这一观点主要可参考查尔斯·泰勒(Charles Taylor)的《认可的政治》(The Politics of Recognition),载于古特曼(A. Gutmann)主编的《多元文化主义:检验承认的政治(Multiculturalism: Examining the Politics of Recognition)》(普林斯顿大学出版社1994年版)。但是,我们并未忠于原文的细节。

尊重多样性的努力,提出了与真理相关的问题——什么算是真理?谁来把握什么才算是真理?古陆学区进化论的教学中存在着所谓的不尊重宗教多样性的现象。在一些美国人看来,进化论与他们的宗教信仰不一致。如果在赫胥黎的班里宗教是一些学生身份认同的核心,那么有关进化论的教学便会使一些学生经历一种自我否定。赫胥黎不只是在教一些碰巧是他们不相信的东西,而是在否定对于他们是谁而言具有重要意义的东西。

同样,对美国中的各种各样文化和历史进行讨论,讲授它们对这个国家的贡献,也可能对于这些文化具有重要意义。当伊洛魁族学生发现他们的文化所具有的价值被尊重,他们的祖先对建国文献做出巨大贡献时,他们也许会有一种被认可的感觉。如果他们认同自己伊洛魁人的身份,那么当他们发现伊洛魁人拥有宝贵的文化并对国家做出过重要贡献时,他们有望提升个人的自我价值感。

但是如果有关伊洛魁人对宪法制定做出过贡献这一说法是不真实的,情况会怎么样呢?伊洛魁族学生应该因为那个缘故而被降低地位吗?如果他们认同自己作为伊洛魁人的身份,当发现伊洛魁人事实上没做出过那些贡献这一事实时他们是否会经受一种自我价值失落?或许把个体的自我价值感,与经不起检验的关于文化价值或历史事实的论断联系起来本身便是个错误。所有的文化都是平等的吗?每一种文化都对我们的国家做出了重要贡献吗?(而且为什么一定是对我们的国家?)如果不是,不同文化中的成员便是不平等的吗?如果我们相信所有人均应被同等重视,我们便必须认为所有的文化均具有同等价值吗?我们又怎么知道呢?

那么,学校或老师应该对这两则教例做何感受呢?人们享有同等尊严的权利吗?如果讲授诸如进化论或寻求不同文化群体的历史贡献会导致平等价值感的消失,那么学校还有权这样做吗?在考虑这个问题的时候,将它想象成可能是社会中的多数群体的历史是有用的,他们最有可能宣扬自我肯定的神话。每个人都想自己的群体得到承认,但只有多数族群才强化此种自我确证的权利。

关于这点有许多需要注意的事情。第一,这种推理路线强有力地推动我们采取另外两个步骤。正像我们之前对这一议题的描述那样,我们对此观点的推进似乎表明,在某些人的身上可能存在着自我价值感与其宗教、文化及历史的(可能)事实之间的一种冲突。为尊重每一个学生的平等价值,学校就一定要撒谎或者掩藏事实吗?这种观点似乎令人无法接受。

但如果我们能坚持另外两种观点便可能避免此种两难境地:第一,让我们假定真理是相对于核心理论假设或文化而存在的;第二,让我们假定人们有权掌握他们自己的真理。

让我们看看这如何可以解决创世说与进化论的问题。反对进化论的宗教人士(很多宗教人士并不反对)有时会以如下的方式进行争论。他们声称,伟大宇宙时代和进化论的大多数所谓的证据存在着一个根本性的问题,即假定上帝不存在。比如,思考一下支持伟大宇宙时代这一观点的一个争论。如果我们要相信科学家所说的宇宙巨大、光速飞快,那么我们所看到的那些如此遥远的星体所发出的光必定已经穿行了上百万、亿万年才到达我们。如果真是这样的话,那么正如一些创世说论者所宣称的那样,宇宙的年龄一定远远超过了数千年。

创世论者们已经做出回应,当上帝创造宇宙的时候,他可能已经创造了来自遥远星球和星系的光并使它们处于传输之中了。进化论者关于宇宙年龄的论辩,假定存在一个没有上帝的宇宙。因此除非我们认为宇宙不是上帝创造的,否则这种关于宇宙年龄的观点便没有意义。

有时创世论者会将这种观点普遍化。如果我们相信上帝存在,认为宇宙和生命全是他的创造,那么我们就很容易解释那些貌似支持进化论的全部证据,以使它们与对上帝的信仰相一致。进化论者仅仅看到了一个机会和自然选择占统治地位的宇宙,因为他们早已否定了上帝存在的可能性。但是在那些被进化论者认为是机会和自然选择占统治地位的地方，创世论者们却发现了上帝的意志与设计。每一件事情均取决于我们在开始时所基于的假设。

之后的下一步是：如果真理是相对于我们的出发点的，那么为什么进化论的出发点就一定比创世论的出发点更有道理呢？又是什么赋予了进化论者以权利，以努力控制创世论者的孩子接受他们的观点呢？如果这种权利并不是建立在掌握关于此事的真正真理这一基础之上——事实证明这是不可能的——那么除了是专制的权力外它什么也不是。进化论者凭借什么权利可以强迫有信仰的人们将自己的孩子送往只有进化论者才拥有决定什么才算是真理的独断权的公立学校？创世论者没有权利掌控他们自己的真理吗？

伊洛魁人可以做出同样的论辩。他们可以说历史的真相只是一个如何对其进行解释的问题，他们有权利作出自己的解释；同时，对于学校中所呈现的伊洛魁人形象他们也有最终的决定权。

这里可能存在一个更有意思的（我们认为）论辩。为什么伊洛魁人如此看重他们在美国宪法草案中所做的贡献呢？这其实假定了宪法的重要性。但是为什么曾饱受白人和联邦政府压迫的伊洛魁人如此迫切地希望曾为白人的宪法做出过贡献呢？他们需要让白人知道他们对于白人所珍视的东西曾发挥过重要作用吗？也许伊洛魁人需要努力发掘和掌控的是来自他们自己文化的价值标准。

如果我们将这一论点普遍化，就会得出如下的结论：每种文化均有自身的核心价值与真理标准。这些标准相对于该文化是正确的。因为没有指向不同文化的普遍真理，所以一种文化没有理由将自己的价值标准强加于其他文化之上。每种文化均有它自己的标准。

上面的观点（如果我们接受的话）通过以下的方式来偏重于保护个体的尊严与价值：给予不同人的宗教及文化以不容置疑的地位，视所有的文化具有同等价值，宣称每一宗教或文化均拥有自己的真理是一条通则。沿着这样的方式推进，最终导致的便是一种极端的多元主义。社会被认为是由差异及以差异为特征的不同群体所组成的。根本不可能存在将一种文化强加于另外的真理之上的问题。差异统治一切。

多样性的其他辩护

现在我们想看一下非结果论和结果论者可能如何对待宗教和文化的多样性。

一个非结果论者可能会按如下方式进行推理：关于人，最重要的事实不是他们的种族身份或宗教，而是他们的人格。他们作为人、作为道德能动者的身份，才是他们拥有平等权利及必须得到他人尊重的基础。

但是如果我们将人们作为道德能动者加以尊重，我们就必须尊重他们的选择。我们不能强迫他们接受我们的宗教或我们对美好生活的认识或是我们对有价值文化的观点，即便我们认为自己是正确的而他们是错误的。我们应该平等尊重每一种宗教和文化，这并非因为它们都是真的或具有同等的价值，而是因为具有平等权利的人们选择了它们。（我们在第3、4章中讨论过这一问题。）

请注意这一观点的一些特征。首先，既然权利根植于人格，而权利又是可行使的，那么我们就不必容忍学校中任何与此相悖的事情。例如，我们不必容忍种族歧视。在学校中，我们可以提倡种族宽容（或宗教宽容），我们也可以阻止人们的种族歧视行为。非结果论者在此处通常会说人们都有为人公正的责任，但同时也有权去选择和追求他们心中的美好生活。这种对美好生活（包括宗教和文化）的自我选择正是我们必须尊重的东西，即使我们不认同它们或相信我们的更具优越性。

因而非结果论者确实以一种言之有理的方式解释了在哪些方面人们应该具

有共性，以及他们可以在多大程度上被允许彼此不同。每个人都应公正，我们可以寻求并推行一种共享的正义观。但我们却不能规范人们关于美好生活的观点。我们可以通过学校教育使每一个人都成为"美国人"吗？如果这意味着在学校中讲授公正宪法的核心要素，并以此为基础发展一种公共的政治文化，那么答案是"是"；但是如果我们是想通过学校促成一种普遍的宗教、文化，或一种超出以公正宪法为保证的共享的政治文化身份，那答案便是"否"。

这一观点并不是要将宽容和多样性置于文化相对主义之中。我们必须容忍他人的宗教，即使我们非常肯定它们是错误的而我们的才是正确的。我们必须尊重他人的文化，即使我们相信自身的文化具有优越性。我们所尊重的是人们选择的权利，而不是某一选择的适当性。

让我们来想想这一观点如何解决赫胥黎先生生物课的问题。即使学生所相信的创世论在赫胥黎看来是愚蠢和蒙昧的，他仍有义务尊重学生的宗教观点。但是尊重创世论并不要求赫胥黎认定创世论对创世论者而言便是真理（创世论者也不必相信进化论对赫胥黎而言是真理）。他所需要做的仅仅是尊重学生们选择自己观点的权利。比如，这可能意味着他需要谨慎地将要求学生知道作为生物学中的一个框架的进化论是什么，以及要求学生相信进化论这两者区分开来。他必须设计考试中的问题措辞，以便于学生能够诚实地回答，而无需接受进化论这一信仰；他也不能因为学生反对进化论而给学生减分。但在进化论上，他也不必成为一个相对主义者。毕竟宽容并不能取代真理。

在教学生宽容时，学校也要小心地帮助学生理解他们需要对不同的观点和生活方式保持宽容的态度，即便他们并不赞同它们。但是学校也要尊重学生不赞同的权利。比如，一些学生所持的宗教信仰中认为同性恋是一种罪恶，对于这些学生学校可以向他们解释同性恋者也同样有资格享有平等的权利。但是，学校不应该要求这些学生仅仅将同性恋看作是一种不同的生活方式。

尊重多样化的文化可能应该被理解为要求学校在教学中反映美国文化的多样性。因此,在伊洛魁人占很大比例的学校或者是所有学校中,他们可能会发现讲授关于伊洛魁文化的知识是重要的。但是学校不必为了呈现对每种文化的支持观点而伪造或改编历史。它们也不必赞同每种文化的各个方面。对于多数群体的文化而言,此点可能更为重要。学校最首要的职责便是发现并坚持真理(我们并不是说自己知道有关伊洛魁联盟和宪法之间关系的真实情况是什么)。尽管真理不易被发现但它并不是相对的,至少并不像我们上文所述的那样,同时文化本身并不拥有它们自己的真理。非结果论者可能会承认,当人们不得不面对自身历史或文化中一些不尽如人意之处时,他们会受到心灵上的伤害;既然这是真正的伤害,他们就该尽力避免以不必要的方式引起此种伤害。但是非结果论者也可能会论证说给人们带来此种伤害不同于否定他们作为人的价值。人们的自我价值应当建立在他们作为"人"和"道德能动者"这一事实之上,而非他们的宗教或文化成就等事实之上。

一个非结果论者或许也会注意到,上述极端多元主义的争论可能与要求白人承认并修正对少数族群的压迫是矛盾的。毕竟,如果真理是相对的,而且人们可以拥有自己的真理,那为什么白人就不能"创造"他们自己喜欢的历史呢?可以说,公立学校中一度所教的历史(可能现在仍然在教),大部分是被写进去以用来支持与合法化白人统治或白人优越性,进而弱化白人压迫这一事实的。奴隶制常被描绘成慈祥的家长式作风。它是吗?如果白人选择这样思考,让他们面对真相不是更有用吗?

此种非结果论的观点确实要求公立学校的教师在处理有争议的观点及多样的生活方式时遵守严格的界线,但是还有另一条要遵守的界线。

让我们回头看看J·S·穆勒关于多样性的结果论观点。穆勒为他称之为个人主义的东西辩护说,宽容多样性能够激发生活中的不同实验(experiments in living)。正如自由和公开论辩是寻求真理所必需的,如果我们要决定什么是最好的生活方式,实验式的经验也是必需的。因而穆勒极力鼓吹将个人主义作为在生活中开展实验的一种方式。只有在多样性和生活实验的价值被认可并得到保护时,我们才能向彼此学习好的生活方式。

穆勒还呈现了支持多样性的其他辩护。例如,他认为生活方式的多样化能够使生活本身变得更加丰富和有趣。多样性能够增加社会的内在利益。他也断言不同的人以不同的方式寻求他们的幸福。我们有相异的品位和需求。一个缺乏多样性的社会将要求每一个人在同样的事情中寻找自身的快乐。但是极大的多样性则允许人们去寻求一种适合他们自己对幸福的理解的生活方式。

因此,穆勒以各种不同的方式强调,多样性有利于最大多数的人的最大幸福。

穆勒想将不同的生活领域区分开来,政府和社会可以拥有其中一些领域的控制权,个人则享有其他领域的控治权。穆勒在公共领域与个人空间之间所做的区分与非结果论者的不同。作为一个结果论者,他的观点强调行为或观念所产生的结果,而不是去尊重个体的选择。但是出于最实用的目的,穆勒和大部分的非结果论者会同意应该将哪些事情视为适合置于公共控制之下,又有哪些应该被看成是私人的。对于我们的教例,穆勒和非结果论者均会认为语言、宗教、文化和生活方式——人们对美好生活的理解——是他们自己的事情。但是,他们会以一种拒绝相对主义的方式做出此种判断。探寻生活的不同理念与方式是穆勒的一个重要目标,也是其他非结果论者的重要目标。类似的探寻需要理智的自由、生活中的实验、公开的辩论、实验式的证据以及对话。穆勒会将对待真理的两种不同态度看作是在破坏对话。一种是确定论:如果我们确信自己拥有真理,为什么还要开展对话?另一种是怀疑论:如果真理根本不存在,为什么还要开展对话?穆勒提倡一种谬误论的态度——这一观点认为,探寻真理是有意义的,但我们永远无法确定我们拥有真理。

辩与驳

目前我们已经陈述了支持宽容多样性的三种不同辩护。下面我们将思考一下关于它们的正反论辩。首先来看看对标准的非结果论式和结果论式分析的一些反对意见。

1. 我们认为主张尊重人并不能充分地反映自我在多大程度上是由社会塑造的。我们中很少有人会把自己仅仅看作是抽象的"人"。相反,我们是"情境中的自我",由我们的历史、文化、宗教及其他一些因素所塑造。不仅如此,这个观点也不能充分地反映出我们如何理解重视人。我们中很少有人愿意仅仅因为我们是人而受到重视(当然,也没有人愿意仅仅因为自己的群体身份而受重视)。我们希望因为我们恰恰所是的那个独特的个体而受人重视。如果我们被人告诉说,虽然我们所信仰的宗教是荒谬和虚幻的,我们的文化一文不值,我们所创造的成就也毫无价值,但因为我们是人,所以我们的权利是受人尊敬的,这个时候我们怎么可能会有种被认可的感觉呢?上帝把我们从这样的赞扬中拯救出来吧!将人的价值与他们的"情境性自我"相分离并将它仅仅与抽象的人格相关联的观点遗漏了某些东西。我们可能都是作为人存在的,但我们也全部都是特定的人并因此而需要受到重视。一种恰当的伦理学理论需要同时考虑我们的特殊性以及我们作为人的存在。

2. 尽管我们认为上文讨论的那种文化相对主义形式站不住脚,但我们确实认为一些应该被我们称为"温和相对主义"的观点是正确的。"温和相对主义"试图证明两件事。第一,任何有关理性的正确观点都必须承认人们从所处文化和教育中获得的观念,影响并建构了他们对世界的感知。第二,人们所信以为真的东西,通常不仅仅带有所谓的有理由这样相信的色彩,还受到他们的兴趣和偏好的影响。有时候推理不过是一种伪装的方式,假装我们特定的兴趣与偏见是以某种方式植根于事物之本质之中的,而非是基于我们个人的兴趣而形成的。

希拉里·普特南(Hillary Putnam)阐述了如下的观点:思想总是在共享观念的情境中产生的:"有两点是我们必须加以平衡的,这两点由许多不同流派的哲学家所提出:(1)任何领域中有关"对"与"错"的讨论,只有在一个既定的传统背景下才是有意义的;但是(2)传统本身是可以予以批判的。"[1]

普特南提出观点的方式旨在表明,所有推理均发生在某一传统之中。但是这并非想要表明各传统之间的批判和辩论是不可能的,也不是说我们奉之为理性的东西不过是个人兴趣与偏见的表达。事实上,我们认为接受普特南的观点意味着如果我们想发现自身的盲点与偏见,那么不同的传统、宗教或文化之间的对话和论辩是必要的。这是我们有可能学会用另一种方式理解世界的唯一途径。

我们的"温和的相对主义"还有另外一面。穆勒的"生活实验"论断并非假定在人们对如何生活进行选择时所存在的所有差异仅仅是不同的实验,当我们在这些实验中得到足够的证据之后便可以知道到底什么才是最佳的生活方式。穆勒也认为,人们可以通过不同的方式找到自己的幸福。如果真是这样,那么若一个社会允许人们按照他们各自经历幸福的方式去追寻自己的幸福,它将更有益于幸福的最大化。

对穆勒的观点还有许多可说的东西,但是这一观点并未清晰地表明人们在生活中所经历的有价值的东西在多大程度上是其所属文化的一种功能。如同我们的观念一样,如果我们的幸福也是由社会建构的,那么对于我们而言,至少重视多

---

[1] Hillary Putnam, *Realism and Reason*. Cambridge, England: Cambridge University Press, 1983, p. 234.

元主义与重视个体性是同样重要的。承认多元主义不仅仅是重视多样性。它是承认宗教、文化——这些事物不仅使我们彼此不同也将我们分成不同的群体——为多样性与选择提供了可能性。它们既构成了我们珍视事物的方式,也形塑了我们珍视的对象。多元主义是多样性的前提条件。我们需要一种比穆勒所提出的个人主义观点更具"群体性"的看法来理解多样性。

不仅如此,承认价值标准的文化差异性有助于我们避免做出偏颇的文化批评。实验是依照一些标准而被判断为是成功的还是失败的。那么,我们该如何判断穆勒的生活实验呢?我们要采用什么样的成功标准呢?应当采用十九世纪英国人的标准吗?穆勒所生活的时代和他所在的国家在如下方面臭名昭著:即是当他们将其他人的"生活实验"跟他们自己的进行比较时,总是判定其他人的是失败的。不仅如此,当他们判定其他人是野蛮人时,他们也发现了为专制和帝国主义辩护的理由。穆勒在《论自由》中也流露出了这种观点,他断言家长制对儿童和未开化的人而言是适用的。可以说,如果我们没有意识到价值标准在多大程度上是一种社会建构以及算作幸福的东西在多大程度上有赖于文化,那么我们最终无疑会不加批判地使用我们的文化标准去判定其他人的文化,而不会去尊重或从他人的经验中学习。

这不是文化相对主义吗?是的,至少不是上文所描述意义上的相对主义。我们并没有否认批判其他文化或从其他文化中学习的可能性。但是承认价值之文化标准的变化性,应该有助于我们避免幼稚的或偏颇的批判,也可防止我们将自己的价值观看作是绝对的,同时也有益于我们在绝对主义和相对主义间找到一种中间立场。

穆勒的观点也表明,我们不应假定关于差异或者是人们如何寻求他们的幸福必然总是存在着对与错。对于食物的不同口味便是一个有力的例证。人们对食物的口味很明显是与其家庭或文化中对食物的偏好和供应相关的。当然他们也可能学着去喜欢其他种类的食物,也可能不这样做。但有一点仍是正确的,即口味不仅仅是喜欢某些事物而非其他事物的某些与生俱来的一个职能。口味是被文化包装起来的。即使我们学着去喜欢其他文化中的食物,我们在自己文化中所形成的口味标准也将会决定我们尝试去喜欢哪些食物以及怎样去尝试。另外,穆勒对个人主义的论断,也可以被看作是对多元主义的一种辩护。我们应当尊重不同文化的口味,因为它们既组成了这些文化的价值标准也构成了这些文化中的价值对象,而其建构的方式并不是总能以优或劣——正确或错误来——加以判断。文化通常是解释人们为何以不同的方式追寻他们自己的幸福的原因。

因此,我们认为一种恰当的伦理学理论既需要将个人作为人加以看待,也要考虑他们所持的感知、思维与价值观的"概念嵌入性"。但是我们也认为我们在上文所描述的对极端多元主义的辩护形式,尽管也考虑到了这些事情,但仍有一些严重的缺陷。

极端多元主义的一个缺陷是,它很难解释为何我们应该把人看作是平等的且拥有平等的权利。文化相对主义试图通过使所有的文化都平等来使所有的人都平等。为了做到这点,它否认存在任何可用于评价不同文化的标准。但是这样又怎么能证明个人或者文化之间是平等的呢?事实上,既然一种文化仅仅需要尊重属于自己的价值标准,那么又凭什么要求人们在判断其他文化时悬置这些价值标准呢?以自己的文化标准评价他人的文化,即便这有可能导致对于他人文化的负面看法,至少不也是同样可行的吗?为什么不呢?

文化相对主义者甚至不能说我们必须对他人的文化持宽容的态度,因为宽容是一种客观的价值。相对主义者也不能主张平等是一种客观的价值。因为并不存在客观的价值,只有属于特定文化的价值,它们为本文化的成员所共有。假定甲文化中持有的价值观使甲文化中的人发现乙文化没有价值,其成员也是劣等的,那么坚持不同于甲文化中关于平等与宽容之观点的根据又是什么?如果文化相对主义是正确的，就不可能存在此种独立于特定文化之价值观的根据，那么就没有理由接受某种特定的文化价值，因而也没有理由认为甲文化的观点应当是为人所接受的。

文化相对主义似乎寄生于源于现代性伦理学中有关宽容与平等的传统。文化相对主义强调我们应该平等地尊重其他人和其他的文化，并声称现代伦理学未能做到这一点。但是文化相对主义本身却未能为宽容和平等观念提供它自己的根据，而且对于不宽容的文化它似乎也没有做评论。

将所有的真理理解为某一群体或文化的真理的此种相对主义削弱了价值评价的特有意义。如果价值标准是完全相对的，那么每一种文化的价值标准也是同样武断的。断言某事是有价值的是在做出一种有关此事的声称。这一声称并不仅仅意味着我们碰巧珍视该事物这一简单事实，而是在表明这一客体符合评判的标准，有资格进入其他人考虑的范围。思考一下如下的例子。假定正处于恋爱之中的某位男性告诉对方说她十分美丽。如果我们不相信存在美的标准，那么这是真正的赞美吗？"亲爱的，根本就不存在关于美的客观标准，但你很美"，作为一种赞美这其中显然缺少了一些东西。我们可能相信存在着关于美的客观标准，同时也确信美呈现为不同的形式。我们也会相信在不同的文化中美有不同的表达或欣赏方式。同时，我们也相信我们可以按照不同的方式来欣赏美。我们可能认为，如果我们受到另一种教育或者另一种文化的熏染，我们可能会发现一些我们现在认为不美的东西其实是很美的。简单来说，我们可以认为诸多与美有关的事物使得美具有了极大的文化差异。但是所有这些事物也表明，我们需要去理解看待美的其他方式。我们可能会突然欣赏其他人群认为是美的东西。他们能够对美加以解释，我们也能够理解。文化相对主义不仅不支持此种观点，它还通过断言所有的价值标准都是专断的而削弱此种观点。

（事实上）我们所不能做的是说："哦，亲爱的，不存在关于美的客观标准，你很美。"文化相对主义者对于某种既定的"价值"什么也没说,除非这种价值是某一特定的文化所坚持的。但是,这就使得它没法让我们以上文提及的任何一种方式来思考这一"价值"。文化相对主义没有赢得我们对此种价值的尊重,相反,鉴于它宣称对于那些不支持某种价值的人而言此种价值不具有任何意义,而打破了此种尊重的可能性。

对于一些批判是极其重要的地方,相对主义也削弱了批判的价值。如果真理是相对的,并且每种文化都有属于自己的真理,那么就不可能去批判其他文化中的价值观。事实上,这恰恰是这种立场的意图所在。相对主义旨在将少数从多数设定的适用于所有人的标准中解放出来。但是当批判显得重要且正当时,它也削弱了我们对少数或多数进行批判的能力。我们可能想要批判如下一些文化实践,奴隶制、经济剥削、性堕落的观点与实践、宗教偏执及迫害等。如果所有的真理都是相对于特定文化的,如果每种文化都有它们自己的真理,那么我们反对和批判以上观念和行为的基础何在?事实上,压迫文化可以将极端多元主义作为一种依据,以此来强调坚持个人观点并按此行事的权利。

最后极端多元主义是反对对话的。我们想要推荐文化冲突应通过某种对话来解决这一观点,在这种对话中人人都是平等的参与者,其中强调对话的结果依赖于证据而非仅仅依赖于权力或者谁占大多数。如果我们承认文化极大地影响着人们看待世界的方式,也承认只要人们能尊重其他人的平等权利,他们便在自己的文化上拥有相应的权利,我们便会发现我们有理由去仔细地倾听那些不同于我们的人所说的话。同时,在认定我们知道真理或自己的价值观更优越之前,我们也会十分谨慎。我们可以以一种既批判又学习的态度来面对其他文化。但是如果我们要参与到这种对话之中,我们也需要相信这种对话是有某种意义的。我们也需要相信,我们能够给予别人足以使他们转变观念的理由,同时他们也能给予我们改变自身想法的理由。

然而文化相对主义否认存在任何支持不同文化间具有共通性的理由。这样一来,对话又有什么意义?

我们究竟需要何种观点呢?我们需要的是认识到我们的"情境性"对自我意识的重要性——我们不仅仅是人——也要认识到我们对善的感知在很大程度上依赖于我们所处的文化。但是此观点也需要同时具备以下几点:(1)为将平等与宽容的信念视为客观价值提供一些理由;(2)不要破坏价值观评判的可能性;(3)不要削弱对不正义进行批判的可能性;同时(4)不贬低对话的重要意义。

作为公民的人

在下一章中,我们将要讨论一种伦理推理的观点,它强调形成与检验道德原则的过程似乎激发了我们的道德直觉。在下一章里我们将会说明,这一过程是同道德直觉显然是社会化或文化产物这一观点相一致的。此处我们想要将人格作为某种强调自由与平等的伦理学中的核心来重新思考一下这个概念,但是请允许我们将人理解为是处于情境之中的,且他们具有自我而不仅仅是抽象的人。[1]

在本书中,我们试图以一种表现人格的人类能力的方式,来描述作为一个"人"意味着什么。我们并不是在描述一些独立于我们所见的"形而上的"人类本质。相反,在描绘人的特征时,我们所描述的是所有正常人在得到正常养育的情况下所获得的能力。人有具备正义感的能力,也有形成他们自己的关于善的概念的能力。

尽管正义和善的观念植根于文化之中这一观点是明显的,但是我们理解的人

---

[1] 此观点得益于 John Rawls, *Political Liberalism*. New York: Columbia University Press, 1993. 但我们也阐发了自己的看法,而不是完完全全忠实于他。

的概念的核心是人们不仅有能力把他们对正义和善的理解作为批判的对象,也有能力出于某些理由而改变自己的观念。不论自我是什么,它都不会以一种阻止其自身获得反思与批判所必须的距离的方式植根于文化之中。这种保持批判距离的能力是我们将人称之为负责任的道德能动者所包含的重要内容。

能够表明人之特性的各种能力形态确实会受到文化的影响。但是,认为存在着这样一些能力,它们本身以某些特定群体的经验为基础——如,欧洲男性白人——便是假定了其他群体不能形成正义观或是自身的关于善的理解,或者更糟糕的是,他们没有能力对来自于自身文化的道德内容进行反思。

我们在前几章所讨论的伦理概念——正当程序、心智自由、平等——在我们的社会及所有的自由民主政体中均有其合法的立足点。但与公民伦理学不同,我们并不将这些概念看成是伦理学的全部。在本书中,我们之所以强调一种公民伦理,原因在于它是一本写给那些将要在公立学校中工作的人的书,而在公立学校中,公民伦理必须被作为核心观念。

同样地,我们认为我们对于个人的理解是一种强调必须在公民伦理的视野中强调人的存在的观点。事实上,正是此种理解人类概念的方式,对一个多元社会中的公民道德而言是重要的。为什么呢?

原因在于,在许多公民情境中我们需要一个从差异性中抽象出来的人的概念。这不是因为人们之间不存在差异,也不是说差异在公民情境中不重要。而是因为公民伦理的建构方式,不应因为人们的社群成员身份或是他们的独特性而有所偏颇。公民伦理需要在不同宗教、人种、种族、性别所持的利益、观点与价值观冲突中做到不偏不倚。

不偏不倚并不意味着在公共情境中不能考虑人们所具有的独特特征。它意味着社会运转所依据的基本规则和标准不能被设计成从根本上便是有利于某一群体,而不利于其他群体的。我们不能偏向于天主教而轻视新教、犹太教和伊斯兰教，不能重视男性而忽视女性；也不能偏向于白种人，而瞧不起非裔、亚裔美国人及美国土著人。

以体育赛事做类比，让我们设想一下它需要遵守什么要求。不偏不倚不是让我们忽略谁更强壮、更迅速或是技巧更娴熟。它要求的是规则不能依据与比赛本身无关的特征而被随意制定。同样地，我们需要一种社会公正的观点，它给予人们公平的机会去追寻自己对善的理解，而没有为偏向一部分人的利益而对游戏进行的操控。

一种将人看成是自由而平等的并因此而被赋予了获得平等自由与平等对待的权利的观念，有助于我们构建与维护一个尊重多样性的社会。此种社会的建成，基于将关注点聚焦于人作为公民所拥有的地位之上，而这是社会公正概念的核心。同时，它的达成也基于对使人们相互区分开来的特征加以抽象，从而使社会的基本规则以一种公正、无偏见的方式加以建构，其中不认为社会中的任何一个群体享有特权。

这种对个人的观念是否描述了人在社会化之前的一些本质呢？没有。事实上，个人的各种能力的发展本身便需要社会化。它是不是否定了人是处于情境中的或是他们所处情境的伦理重要性呢？没有。情境性是人们真正是谁的重要方面，在处理与他们相关的问题时我们需要将其考虑在内。这种观点是否也隐含着使某一特定群体的特征，例如白种男性的特征，成为适用于任何人的规范式界定呢？这一点我们也不这样认为。但是，一个人确实应当关注细节部分，同时在思考此种观点并非是事实的过程中，开放的批评与对话是十分重要的。

因而，以一种合适的方式加以阐述，"人格"的概念及它所指向的公民伦理均是可辩护的。事实上，在我们看来它们对于一种可辩护的多元主义是至关重要的。但我们需要承认人是社会性的存在，他们不仅仅是抽象的个体，同时也是情境中的特定存在。宗教、文化、人种、性别，对于我们每一个人所是的那个人均是重要的。在思考道德对话的观点时,这些事实尤为重要,因为它们提醒我们要对不同的声音保持敏感,而且要小心谨慎地避免将我们自身的特性加以普遍化。

一则补充教例

在进入下一章前,你可能想再思考一下另外一则关于多元文化和宗教差异的补充教例。包括美国在内的许多国家都会庆祝作为基督徒重要节日之一的圣诞节。但在这些国家中总有少数人并不是基督徒。对于一种存在不同声音的公民伦理而言,这是一个敏感话题吗?这是不是在将一个群体的特殊性加以普遍化呢?

圣诞之争

腾得维勒是一个相当成熟的中产阶级社区。其历史可以追溯到19世纪早期,但直到1936年它才发展成为一个比较完善的城镇。第二次世界大战给予了腾得维勒以迅速发展的动力,它在20世纪50年代期间得以繁盛。当地居民以拥有卓越的学校体制、良好的图书馆和广泛的社区服务而自豪。在20世纪60年代和70年代,该镇吸引了许多来自周边大城市的白领工人,他们视其为培养孩子的安静港湾和良好场所。腾得维勒是首批自发并成功地废除种族隔离学校的北方城镇之一。在这里大家似乎都能非常友好地相处。因为该城镇的开放和友好,一个犹太部落迁入并建立了他们自己的犹太教堂。20世纪80年代和90年代间许多亚洲人也慕名而来。这里似乎成了一个宽容和真正民主的港湾。

接着,有事发生了。

弥漫在这个城镇中的对他人价值的高度敏感,以及对差异的高度且真诚的宽容,促使一个非常负责的学校董事会提出了学校过圣诞节的问题。在圣诞节时,人们往往都会通过排演基督降生的剧目、欢唱圣诞节颂歌、装饰圣诞树、互相交换礼物,当然还有圣诞休假等方式来庆祝节日。但是这个学校董事会开始大声地质疑这种圣诞节的大型市民庆祝活动会使犹太人、伊斯兰教徒、佛教徒、儒家或者无神论者有何种感受。这里似乎有一些不妥之处。既然腾得维勒已经从一个只有基督徒的小城镇发展为一个很大的拥有多元文化和多种宗教信仰的社区,那么学校系统不应做出相应的改变吗?但又如何改变呢?

在校董会议上人们提出了许多建议。以下是在公众会议上人们提出的一些建议,以及对它们的反对意见。

学监建议,作为改变的起点,他会发布一项政策以规定学校里不应该有任何关于圣诞节的装饰、演唱、活动,或书面及口头的谈论。圣诞假期也会改称为寒假。在学校中不允许交换礼物。所有与圣诞节有关的装饰或活动都将消失,这样问题就会得到解决。这位学监说,如果董事会通过他的计划,他及校长们将会严格执行这项无圣诞的政策。

但是有些人觉得这是不可能做到的事情。因为校外对圣诞节关注的氛围很浓,学校内很难禁止与圣诞节有关的事情。此外,孩子们对圣诞节有满心的期待。或许更好的办法是同时承认并教授圣诞节和光明节,并将它们全部作为冬天里主要的宗教节日。毕竟在腾得维勒基督徒和犹太人超过了总人口的85%。但是有些人提出疑惑,另外15%信仰其他宗教的人怎么办?难道他们就不应该受到应有的对待,也将他们的一个主要宗教节日作为学校庆祝的节日吗?

有些人很快便会提出宗教和政府分离的问题。依据宪法,学校难道不应该与直接或间接的宗教教育相分离吗?"但是",坐在听众席后面的人喊道:"难道宽容不需要理解其他人的观点吗?如果你不去了解其他人的信仰,怎么可能宽容呢?"

会议一直持续到深夜。整个会议最引人注目的地方在于其中没有恶意的言语,没有"我们"与"他们"的针锋相对,没有不可改变的反对意见。这是一次真正的试图找到一个合理可行方案以维护一个包容性社区中所存在的美好情感的尝试,但是解决方案似乎还无法达成。

若干问题

1. 如果你参加了这次会议,你会提出什么样的建议?

2. 宗教与政府分离的规定,是否不允许在公立学校中开展任何与宗教相关的讨论和教学?它允许什么?

3. 践行宽容是否需要理解差异的根本所在?还是即使你并不理解差异的根本,仍然需要尊重差异?

4. 在腾得维勒的学校成员中,多元文化与多种宗教信仰的差异并存。那么,是不是不同的文化都应被列入学校政策和学校的课程里面?怎么做到呢?

进一步探究

1. Appiah, Kwame Anthony. *The Ethics of Identity*. Princiton, NJ: Princeton University Press, 2005.
   讨论个体身份在伦理学中的作用。

2. Banks, James A. *Multicultural Education, Transformative Knowledge, and Action*. New York: Teachers College Press, 1996.
   讨论了重要的教育研究者关于多元文化主义的观点。

3. Bull, Barry L.; Fruehling, Royal T.; and Chattergy, Virgie. The Ethics of Multicultural and Bilingual Education. New York: Teachers College

Press，1992.

讨论了多元文化主义与双语体制，比较了自由主义、民主主义和社群主义的三种路径。

4. Feinberg, Walter. Common Schools: Uncommon Identities. New Haven, CT: Yale University Press, 1998.

讨论了如何平衡多元主义与一种共享的美国人身份。

5. Fullinwider, Robert. "Multicultural Education." In A Companion to the Philosophy of Education, edited by Randall Curren, pp. 487 – 500. Oxford: Blackwell, 2003.

讨论了多元文化主义。

6. Galson, Robert. "Church, State and Education". In A Companion to the Philosophy of Education, edited by Randall Curren, 412 – 429. Oxford: Blackwell, 2003.

讨论了教育中的宗教自由。

7. Macedo, Stephen. Diversity and Distrust. Cambridge, MA: Harvard University Press, 2000.

讨论了在一个长期以多元主义为特征的社会中公民身份的本质。

8. Mill, John Stuart. *On Liberty*. Indianapolis, IN: Bobbs-Merrill, 1956.

有关观点和生活方式自由的经典讨论。第三章的观点强调了穆勒所说的"个人主义"。

9. Rawls, John. *Political Liberalism*. New York: Columbia University Press, 1993.

罗尔斯重新思考了《正义论》中的观点。他认为，作为公平的正义必须被理解为一种政治理论，而不是一种广泛的道德信条。正义必须成为多样的包涉性广泛的信条所共有的政治理念所具有的一个重叠性共识。

10. Strike, Kenneth A. "Is Liberal Education Illiberal? Political Liberalism and Liberal Education." In *Philosophy of Education 2004*, edited by Chris Higgins, pp. 121 – 129. Urbana, IL: Philosophy of Education Society, 2005.

讨论了正直教学的问题,包括对于对教授创造科学与知能设计的评论。

11. Taylor, Charles. "The Politics of Recognition." In *Multiculturalism: Examining the Politics of Recognition*, edited by Amy Gutmann. Princeton, NJ: Princeton University Press, 1994.

泰勒的短文认为除非我们重视塑造个人的文化,否则我们不能重视个人。他举了一个显而易见的表明每种文化均包含一些有价值的东西的案例。

12. Young, Iris Marion. *Justice and the Politics of Difference*. Princeton, NJ: Princeton University Press, 1990.

杨对压迫与统治不是一个分配正义这一观点进行了批评。她对这些概念的讨论支持一种差异性政治。

(王丽佳　译)

第 6 章

民主、专业主义与正直从教

一则供思考的教例

珀西·赖特是《新世界纪事报》的一名记者,他正在调查新世界西部小学最近发生的一个事件。这件事牵涉到二年级教师艾瑞尼·坎布雷克。新世界西部小学正在打算对坎布雷克采惩戒措施,因为她拒绝执行学区新近通过的小学数学课程指南。这份新指南要求在二年级引入分数,还制定了一份具体的测试计划,以确定包括分数在内的各种数学技能的掌握情况。坎布雷克女士在初步尝试教授这种必修课程之后,便停下来了。她写了一张便条给校长安吉拉·多莫替自己辩护。她的便条上说,按照她的专业判断大多数二年级学生都没有能力应付分数。更何况要求他们掌握超出其能力的材料所造成的挫败感,已经影响到学生其他领域的功课。她的课堂不再是一个快乐的地方。因此她决定不按规定教授这门课程。

安吉拉·多莫校长最初采取的回应措施是跟坎布雷克进行了一次非正式谈话,谈话中她的主要意思是坎布雷克可以用她自己认为合适的任何方式自由地教授这门必修课程,但她不能随便地忽视它。多莫校长还暗示对于公然的不从她不会置之不理。坎布雷克感谢多莫的忠告,但她表示对她而言这是一个原则性的问题。这种课程对她所负责的孩子们的情感幸福和教育进步有伤害,所以她不会教授。她也不会虚与委蛇,为了满足一些官僚主义的要求而假惺惺地这么做。如果学区觉得必须处分她的话,她愿意在校董会前为自己的决定辩护。她相信自身对于孩子们的责任要求她这么做。

珀西·赖特之所以能发现坎布雷克与多莫之间的冲突,是因为艾瑞尼·坎布雷克班上的几位家长卷进了此事。他们认为,公之于众会有利于坎布雷克女士,作为一位教师她拥有杰出的声望。他们打电话给赖特,八卦说学区里那些"没有头脑的官员们"正在怎么怎么地迫害学校里这位最优秀的教师。珀西判定这个事件可能会引起公众的兴趣。他采访了坎布雷克和多莫,然后对她们的谈话加以提炼。以下是他对她们立场的转述。他心想,要是以一种二人观点争论的方式来架构的话,这可能会成为一篇佳作。他的读者得自己决定谁是谁非。

艾瑞尼·坎布雷克: 我知道安吉拉只是在尽力做好自己的工作,但她也得能从我的立场来看看这件事。我对这些孩子的教育与情感幸福负责。我是一名有经验的老师,我在自己的领域受到过充分的训练。我全部的专业知识和经验都表明这种课程不能教授给这个年龄段的孩子。如果我试图去教了,就是不负责任。孩子们学不会这种材料。企图教他们这种材料,就会给他们带来对数学的消极态度,并使他们在我的课堂上产生不必要的紧张。我知道学区中一些人为了这一课程指南费了很多心血,但我不能允许自己以如此明显有害于我班学生的方式来按要求开展教学。学生是我的首要责任。当我知道课程有害于学生时,仍旧遵从课程指南,那是不道德的。安吉拉应该问问她自己,如果她处在我的位置上她会怎么做。她愿意因为一纸愚蠢的文件就虐待这些孩子吗？

安吉拉·多莫：我明白为了学生艾瑞尼正在竭尽所能地做最好的工作，而且在这件事上她是从良知上反对这份课程指南的。可是，这份课程指南是由学区的家长、教师和行政人员共同组成的学区委员会制定的。甚至还有一位六年级的学生代表参与其中。大家用了好几个月的时间讨论这门课程。他们思考过分数对二年级学生是不是太早这个问题。虽然有意见分歧，但是鉴于教育中对更高教育标准的要求，他们同意应该早点引入分数。即使那些对新课程持怀疑态度的委员们，最终也被劝说投了赞成票。且不论他们是对还是错，关键是学区委员会花了好长时间来建立这份课程指南，而且它也被校董会采纳了。不论艾瑞尼还是我，都不能随便地对校董会的决定自作主张。艾瑞尼应该站在我的位置上来想想。难道因为艾瑞尼认为他们的决定是错的，我就可以忽视学区课程委员会的集体决定和学校董事会的表决吗？他们或许错了，可我还是有责任去执行学区的政策。

记者赖特消化了自己努力得来的这篇作品之后，决定不刊发这个故事。他对自己的编辑直言说："如果是多莫勒索坎布雷克要回扣，或者是坎布雷克骚扰学生这样的故事，我们的读者或许会感兴趣。这样，我能发现一系列由这样的事情导致的关于学校伦理的好报道。但现在的这些有关原则性分歧的故事太无聊了。我看我们的读者不会对是否应该在二年级教分数这类高深的话题感兴趣。"

与《新世界纪事报》的读者不同，我们有机会思考下这个案例。我们又一次发现对立双方的观点似乎很难协调。我们可以做出怎样的回应呢？可能有几种回答。一方面，人们可能会将这种分歧看作是道德怀疑论的一个理由。读者可能会说，本书的作者一直强调道德推理很有道理，经由推理可以形成结论，但他们却又一直呈现给我们一些似乎连他们自己也无法解决的案例。为什么我们还要相信道德推理有作用呢？难道作者不应该就道德推理如何解决类似的问题给我们一个更完满的解释吗？另一方面，人们或许会认为这则案例表明必须对合法权威进行质疑。当争议双方产生分歧而又必须作出决定时，我们如何确定谁有权做决定？谁有权做最后的决定？最后，这则案例提出了与道德审议过程本身所具有的本质相关的问题。有人或许会辩论说，这则案例所呼吁的是争议双方进行更多的对话。他们需要就问题坦率地交谈，并达成一些共识。也许他们过早地停止了对话。或许需要的是理解建设性道德对话展开所需要的条件。

接下来，我们会阐述四个问题。首先，我们会指出我们称之为反思均衡这一概念的特征。它会为道德推理提供更为完善的描述。其次，我们会讨论主权或权力的问题。在学校中，当人们有分歧时，究竟谁有权做出决定？第三，我们将分析教师专业主义与正直从教这两个观念。最后，我们想要讨论作为社会进程的道德审议。我们在这里想要强调的是，道德对话的社会进程不仅是美妙的而且是必需的。道德审议在本质上是一种社会进程，正是这样，它的一些独有特征对于确证道德决断的有效性是非常重要的。接下来，我们首先对我们所理解的道德推理作一个较为全面的描述。

反思均衡

本书中，我们呈现了诸多在道德上无明确答案的案例，读者们不必因此而过于苦恼。伦理问题并非总是有争议的。但是人们之间存在意见分歧却是事实。即使当人们的分歧很深，分歧存在的时间很长，也并不意味着在道德上达成理性的共识是永远不可能的。例如，在自然科学中，那些长期存在异议的问题似乎最终还是被解决了。因而持续意见分歧的存在，或许可以使我们有理由相信即使某一问题是困难的,它也未必是无法解决的。即使是在伦理学领域,一些人们长期以来争论不休的问题最终也得到了解决。例如,几个世纪以来,人们都无法清晰地判断奴隶制度是否合乎道德。而今奴隶制度是不道德的已经成为一项确定的道德原则。我们也需要小心地避免对道德推理的不恰当期望。在精确程度和预期目标上,伦理学与法学更为相似,而不同于数学和科学。尽管像法学那样,伦理学是可以被研究的,而且可以被用于解决现实问题,但伦理学却无力达到与数学同等程度的确定性;而且伦理学的目标也并非是达成对世界的如实描绘,而是说明世界应当如何。我们认为道德审议的目标在于寻求在原则上达成共识,这些原则在尊重人类平等的价值和利益的同时规范着人类的行动。我们建议将反思平衡作为这样一种活动的合适标准,同时也建议将广泛的对话作为其实现的条件。

我们将从对自身立场的简要勾勒开始,来展开我们对于反思均衡的讨论。此种立场的核心理念如下所述:关乎选择与行动的道德决策需要道德敏感性、理性与道德理论的发展,其首要的依据是我们的道德直觉。道德直觉,即我们的是非感,是道德推理和建构道德理论的基础。

但是并非所有的道德直觉都是一样有用的。我们应该以那些有说服力且没有争议的道德直觉为开端。之后,尝试通过阐明导致这些道德直觉形成的基本原则来发展理论。我们必须能够描述出那些使我们产生是非感的潜在的道德观念,发现其中隐含着的使我们感觉必须以某种方式行动的规则。它并非仅仅是对所有匆忙进入我们心灵和大脑的内容做出是非判断;而是要探寻我们道德直觉的基础,对其加以描述与分析,然后尽我们最大所能检验它们。

从这个角度看,构建一种道德理论更像是在努力描述那些支配我们语法感的规则。我们可以凭直觉知道如何正确与有意义地使用语言,而不必一定建构自己的语言规则。这种对说什么是有意义的或正确的直觉为我们提供了证据,可以据其检验我们所建立起来的旨在解释自身语法感的一系列规则。事实上,这正是语法学家们研究语法的方式。他们会问自己类似这样的问题："为什么'所有的好男孩们都吃蛋糕'是有意义的,而'蛋糕男孩们好的吃所有'是没有意义的?"与之相似,我们必须把那些构成我们道德直觉之基础的规则与原则弄清楚、搞明白。

类推可以进一步深入下去。有时对语言规则的深入理解能够使我们修正最初的关于什么是有意义的或正确的观点。理解这些原则,能够使我们把看似晦涩、模糊的表达变得清晰与易于理解,或者能够使我们发现那些看似清晰与简单的东西中的尴尬或含糊。同样地,一种道德理论可以改变或支配我们对于道德现象的直觉。一旦我们获得了对道德直觉之背后假定的更清晰认识,我们便可能希望去改变它们。因此,在伦理反思中道德理论和道德直觉是相互作用、相互影响的。其诀窍是要在道德感与道德理论之间寻得某种反思均衡点。我们所谓的反思均衡,是指在我们的思考中达到一个点,在这个点上我们感到自己的道德直觉与解释该直觉的道德理论达到了令人满意的一致,同时我们做出的决定与采取的行动也能够以我们的道德理论来证明其正当性。当然,正如科学理论一样,新的事实、事件和假设的出现,可能促使我们重新思考和建构道德理论,并改变我们的道德决策和行动。

道德理论必须符合评判所有理论的一般标准。它们必须对适合于它们的资料进行解释;必须具有前后一致性。如果能做到雅致、简洁和匀称,那就更好了。道德理论必须对其他领域的知识保持敏感性。其他学科中的事实问题和理论对伦理学理论是很重要的,这不仅是因为它们告诉我们如何将抽象的道德概念运用于具体案例,还因为它们会提出尚待解决的新问题,或改变可用于表达伦理理论的概念。弗洛伊德所发现的无意识,就为自主的概念提出了诸多问题,并引发了与心理操控有关的新的道德议题。物理学和生物学的进步,提出了自然中的目的问题,迫使人类重新思考价值和目的存在的方式。这些都是任何综合的道德理论所必须面对的问题。

仅有全面而考虑周全的道德理论是不够的。作为有感觉的人类，我们还需要对道德领域保持敏感性，并利用我们的共享能力来同情与关怀他人。我们的道德直觉根植于我们的感觉和同情能力，也根植于我们的思考能力。我们需要在情感和理智的双重推动下，做出道德的行动并关心理性的道德争论及其结果。感觉会以多种重要的方式同道德推理相互作用。首先，感觉帮助我们将自己置于他人的境地之中，认同他们，理解什么会带来伤害，什么会有所帮助。如果我们不能设身处地地感受他人的生活，那么承诺尊重他人的价值与尊严便没有太大的意义。除了透过感觉我们还能以怎样的方式知道如何尊重他人呢？我们又怎么能够发现怎样才算是在承认他们的尊严呢？

其次，感觉给我们提供了做出正确行为的动机。如果有人可以制造一台能够进行道德推理的电脑，它的主要缺陷便可能在于它对是否以道德的方式存在并不关心。知道什么是正确的，同愿意付诸行动是两码子事。与人为恶时我们感到痛苦；与人为善时，我们感到愉悦。我们的这种同情能力，是我们期望做正确事情的很大一部分的原因。在伦理学方面，伊曼努尔·康德有许多充满智慧的观点，但他最具智慧的一句话恐怕是：唯一真正的善便是善良意志。

那么我们如何解决伦理上的辩论呢？我们首先会尝试发现潜藏在我们区分对错的不同感觉之下的道德原则。当我们发现自身道德直觉所基于的假定时，一些人可能就会改变想法。如果未能如此，我们就必须通过看看相互冲突的道德原则各自会带来什么后果，以此来对它们进行检验。如果发现原先我们支持的原则在某些情境下会导致令人厌恶的结果，那么我们便有理由放弃它。可能有些人在发现如果他们要坚守当前的原则就必须认同其他一些观点时，也会改变自己的主意。

现在我们必须追问：我们的道德直觉从何而来？这个问题似乎取决于我们可能在多大程度上建立起任何有关道德议题的客观性反思均衡。有的哲学家认为我们的道德感是天生的。另有人认为道德直觉是一种看见。正如我们能用肉眼看到颜色一样,我们能够用心灵眼睛看到道德事实。还有人认为和学习母语一样,我们是从自己的文化中习得道德原则的。这有什么关系呢?人们可能会争论说,如果道德观念是与生俱来的,或者包含着看见具有客观存在的道德事实,那么它正可证明道德思想的客观性。这样,道德问题如同物理世界的问题就是有答案的。另一方面,如果我们从我们的文化中获得那些引发我们道德直觉的原则,那就从根本上意味着相对主义依然是真实的。在那种情况下,我们能期待道德推理做得最好的事情便是在那些已经就基本假设达成一致意见的人们中间,形成更高层次的共识。

但是我们认为道德直觉源于何处的问题并没有那么确定的答案。之所以认为它是确定的,是因为人们过分期待获得可被视为具有客观性的知识,同时又对人类的共性持过分悲观的态度。如果我们要求道德知识的确定性,或是要求所有可确证的知识都以某种方式内含于存在的首要本质中,那么我们可能会发现不仅是伦理知识难以获得,所有知识都很难获得。如果我们只强调构建一种暂时的反思均衡,我们将会为客观性建立一个标准,这个标准是通常情况下我们都能达到的,且它也能很好地服务于我们的生活。为客观知识设立我们的标准,使得人类所具有的一种基本的和必要的活动,即反思我们应当做什么的活动,显得不可能,又有什么意义呢?

此外,即使我们的道德直觉是从社会中习得的,也并不意味着不同社会的成员之间不能达到反思均衡。鉴于不同社会彼此相异的程度,我们可能认为寻求道德反思均衡是困难的。认为道德反思均衡是不可能的,实际上即是忽视了所有的社会在多大程度上均是由具有共同生理结构、共同的基本需要、共同的物理环境及共同的期望的人们所构成的。我们同样也忽视了我们在多大程度上生活在一个越来越被共同的科学和全球问题将所有人联结起来的星球之上。我们有关人

141

类道德直觉之来源的观点,正是以这些共同性为基础的。我们还未足够相似到足以使关于道德的反思均衡轻易达到。我们也未相异到足以使反思均衡无法达成。我们中的一些人甚至会争论说,我们在人类历史的记载中所看到的,大部分是一种更人性化的、更为人们所广泛共享的伦理观点的正向发展。因而,我们非常有理由对以一种人道的方式获得道德知识的可能性保持开放的态度。我们能够在不确定的的情况下保持理性与客观;我们可以不做道德相对主义者,而以宽容与开放的态度对待其他观点。

然而,当前存在着一种普遍的但极具误导性的推动因素,它使道德相对主义的现代观念极其流行。它是人类对自由、对不被责任与义务束缚的渴望。如果我们误读了陀斯妥耶夫斯基的观点,人们可能会认为如果相对主义是对的,那么任何事都是被允许的。我们每个人都可按自己的选择行事,没有人可以说三道四或指手画脚。这种观点常常用来说明那些断言某事绝对正确或错误的人,事实上是在将自己的观点强加于别人。

这一回应既混乱不清,又充满问题。它是令人困惑的,因为它把说服和强迫混为一谈。当一个人试图向另一个人说理时,其行为并不是一种强迫。事实上,说服是一种影响方式,它承认个体是具有理性思考和人类情感的自由的道德主体。试图说服人,就是假定选择是他们自己的,假定作为负责任的道德主体他们将会愿意以可获得的最佳的理由为依据来做出选择。给出他人一些理由,就是在巩固他们作为自由人的地位,这种自由人拥有为自身进行选择的权利。

将说服看成是一种强迫,从根本上是未理解自由的终极道德基础。我们不自由是因为我们没有客观的责任。从道德相对主义中不会形成任何与自由相关的事情,因为从道德相对主义那里根本就不会形成任何与伦理问题相关的东西。我们是自由的,因为我们是有义务为我们自身做出选择的道德主体;也因为对于一个在道德上有义务去做出负责任选择的人而言,蛮横地去干涉他的自由在道德上是无礼的。

人们常说,将人与其他生物区别开来的东西是他们进行推理的能力。在我们看来,我们人类还共享着一种承担义务与选择承担义务的独特能力。当我们追问我们该接受怎样的道德义务时,即是假定我们拥有选择的自由,而且我们能够为做出某些而非其他选择而给出足够的理由。而给出理由,便假定了理由为达成潜在的共识、推动反思均衡状态与道德成长提供了客观的根据。

如果细想的话,相对主义是有问题的,它可能导致我们否定那些对道德发展而言十分重要的资源。如果人们被告知无论他们做何种选择都无关紧要,因为任何一种选择都像其他选择一样好,那么人们便不会学着去做负责任的选择。人们是在学习评价不同争论及思考同他们必须做出选择的事情相关的证据的过程中,学会做出负责任的选择的。学习这种事情,最好是参与到一种认真思考与讨论伦理问题的环境之中。道德相对主义破坏了适合于一个自由人的道德教育。

主权问题

那么,也许从长远来看经过诸多讨论与考虑之后是有可能达成伦理上的一致意见的。但是,有时需要在短期内做出决策,尽管人们之间仍然存在分歧。那我们就要知道,在尚有分歧的情况下,是什么使一项决定具有合法性?是什么赋予某人以主权呢(这里是指做出决策的权力或权利)?

思考一种简单的状态。让我们假定某人具有决策权是因为他知道做什么事情是最好的。这可能就是艾瑞尼·坎布雷克所在的状态。她认为自己有权拒绝教授新的数学课程,而这仅仅是因为她知道新课程不符合学生的最大利益。但是这种观点是站不住脚的,因为在冲突的案例中,很难清晰地确定到底谁是正确的。

因此，断言应该由正确的一方来做出决定是没有意义的。我们需要把什么是正确的决定同什么构成了决定的合理性这两个问题区分开来。当然这两个问题都十分重要，但是我们必须能确定某项决定是否是合理的，即便是在（特别是当）我们无法就决定达成一致意见时。我们怎么才能做到这样呢？

一种答复是合法的决定是经由正当程序所获得的。例如，我们可以认为通过表决方式得到的决定是合法的，当某个决定获得多数票支持的时候就可以被确定下来。这种观点告诉我们一项决定是如何被合法化的，它把主权赋予多数人，但是没有什么东西可以保证多数人的决定就是最好的决定。

幸运的是，其他支持正当程度的人也对做出正确决定的问题进行了论述。让我们回到艾瑞尼·坎布雷克的观点上来，看看是否能够以更为简单的方式对其加以描述。我们或许会声称，主权应该交给那些处在知道什么是正确之决定的位置上的人。在这种解释之下，艾瑞尼要求拥有决定权不是因为她是正确的，而是因为相对于所有的相关方，她处在知道什么样的决定对孩子们是最好的最佳位置上。她是一位受过训练的有经验的老师，她最了解班里的孩子们。因此她应该被赋予主权。我们称这个位置为专业主义，其中合法性是出于专业知识的原因而被赋予的。

专业主义主张将权力赋予那些最有能力做出最佳决定的人。当然，在我们这个时代，支持由专业人员做出决策的人也承认民主程序的正当性。然而他们往往愿意主张即使在一个民主的社会里，某些决定（例如如何进行脑外科手术）也应该交由那些具备特殊能力的人，而不是经由多数派的表决做出。因此那些支持专业主义的辩论，即是在辩论何时民主权力是不适当或无效的，以及何时最好将决定权赋予专家个人或专业群体。

民主决定的目的之一即是确保每个人的利益都能够被公平的考虑到。但是当个体或特殊群体获得了决定公共事务的无上权力时，他们做出的决策便可能在某种程度上是最关注他们自身利益的。正如阿克顿勋爵所指出的权力滋生腐败。民主通过赋予每个人在公共决策上的平等权利以及公共事务中的发声权来解决这个问题。在代议制民主中,这些事情是通过选举以及诸如言论自由、出版自由、申诉自由、集会自由等权利而得以实现的(虽然并不完美)。被选举的官员代表的是人民,他们必须接受监督与批评。当人们对代表他们的人有不满时,他们可以通过投票将这些无耻之徒赶下台。

但是可能存在一些民主在保护公众利益方面特别无能为力的情况。一些决定可能需要"深奥的知识"。深奥的知识即是普通人无法获得的知识,它往往是长期训练的产物。当合理的决策需要深奥的知识才能做出时,民主机构可能就会成为决策的无效手段,因为选民或他们的代表可能缺乏足够的能力来对决策进行充分的评判。在这种情况下,最好给那些掌握了所需知识的人、专家以决定权。

通常情况下,专业权威是由专业组织行使的,诸如州立法机关这样的民主实体会清晰地赋予它们做出一定决策的权力。这样的组织被赋予三种相互关联的权力:首先,它们有权将一类知识基础加以合法化。通过一系列审议,最后确定专业知识包括哪些以及如何对其进行测评。第二,它们管理其成员的专业实践。它们主要通过规定实践的合格标准,处罚那些不胜任工作或不合乎专业伦理的成员而实现此一方面。最后,对新成员准入进行专业上的控制。这项任务是通过规定和实施教育,以及通过确定执业资格来完成的。

当决策权被移交给专业人员时,我们怎么确保他们为大众谋求福利呢?通常对这个问题的回答是,专业人员被教导遵守伦理,此种伦理强调维护专业标准和服务对象的福利。因而正是专业人员所受到的训练,及他们对专业责任与服务伦理的接受,从根本上确保了专业人员是服务于公众的。

如果从教育中的专业主义角度看,艾瑞尼·坎布雷克的观点是最有道理的。她用自己的专业训练、专业经验、专业技能来确证自己在二年级数学课程上的权威。她声称她应该作出决定,因为她处于能做出最佳决策的位置上。她还强烈地诉之于专业伦理。她声称,她的首要责任是对她的专业、良好的专业实践标准以及班上孩子们的福利负责。这些责任比她对上司和学校董事会的责任重要得多。

这样的辩护能成功吗?至少在某个方面很明显它是不能成功的。当前的情况是,法律并未将教育的主权授予教师或教师组织,而是授予了州立法机关及学校董事会,这两者均是经选举形成的合法团体。这些团体可以选择尊重所聘教师的决定,但它们没有法律上的义务去这样做。法律上,目前教学还不被看成是一项专业。

也许这是不明智的。如果教学被认可为一项专业,如果教师在工作中拥有更多的自主权,那么公众在教育方面的利益将会得到更好的满足。关于这个议题目前有非常激烈的争论。但它又是一个相当复杂的议题,我们无法在此给出定论。不过我们确实想稍作评论。

在我们的社会中,那些支持教学专业化的观点通常反对教育中的民主治理。如果教师可以管理自己的教育教学,那么州立法机关和地区学校董事会对教育事务进行决策的范围将不得不缩小或受限。在民选的权力机构与专业的教师之间必须进行新的分工。教育权需要被重新分配。专业主义虽然在以这样的方式与民主进行着竞争,但这并不意味着它是不受欢迎的或是与民主不相容的。但这确实意味着,必须建构一种情况,其中足以驳斥一种支持民主机构权力的假设。即便决策需要专业知识,情况也是如此。

这样一种情况需要两个条件。首先,必须存在充足的知识基础,使教学专业建立在它的上面。艾瑞尼·坎布雷克要求拥有对自己课堂行为的控制权这一案例的关键特征是,她而不是其他人,处在最清楚什么是对学生最好的这一位置上。如果这样的论断是专业主义的基础,那么教师就必须具有真正精深的专业知识。教师必须像医生那样,通过所受的教育获得做出胜任专业决策的独特能力。第二,教师所接受的教育,必须足已建立一种对专业负责和对服务对象利益负责的伦理。这种伦理确保专业自主权服务于公众利益。

安吉拉·多莫对艾瑞尼·坎布雷克的反对,实际上是为民主权利辩护。安吉拉认为自己有权执行学区的课程政策,因为政策是民主产生的,同时她是由权力机构任命来执行决策的。课程政策是由一个包括家长、教师和行政管理者在内的、以合适的方式建立的代表委员会制定的。它被学校董事会所采纳。安吉拉并不是在说这一程序最可能做出最佳决策。相反,她似乎是在表明,决定之所以是正当的,是因为它是经由民主程序产生的。

安吉拉认为自己的权威源于教育董事会的权威。她是被董事会聘请来执行他们的决定的。因此,她对董事会的政策负责,并认为艾瑞尼负有同样的义务。接受了新世界学区的雇佣,艾瑞尼便是一名公共服务人员,她受民主选举出来的官员的权力制约。她以自己的判断来反对民选官员的判断,即是在反对民主权利的合法性。

如果我们更加仔细地考察安吉拉的观点,会发现她诉诸了两种不同的关于民主是什么的观点。最初,安吉拉援引了如下的事实,即课程政策是由一个代表了学校多方利益的委员会制定的,该委员会进行了广泛的审议而且所有成员最终达成了一致意见。但是之后安吉拉又诉诸学校董事会接受了课程委员会的政策这一事实,将其作为自己的核心论点。她似乎认为学校董事会才拥有最终的权力,并且认为她个人的权力也是来源于董事会的权力。

这两个不同的论断所表达出来的两种民主观是彼此不同的。在第一个论断中,安吉拉所诉诸的是被我们称之为"社群民主"的东西。它有三个核心特征:首先,它将民主程序的参与者视为目前生活于学校社群中的很多个体。第二,它强调决策形成过程中讨论和理性审议的重要性。第三,它寻求共识,并努力避免多数派将他们的意愿强加于少数派之上。

这种民主观似乎致力于如下的观点,即当决定产生于非强迫性的讨论,并获得了社群成员的一致意见时,它便是正当的。这里的社群并非由学区内的居民构成的,而是由那些以这样或那样的方式直接参与到学校事务之中的人构成的。此外,它倾向于认为在正当决策中,慎思和意见一致比投票表决更重要。

安吉拉强调学区的政策是正当的,因为它就是通过这样的一个程序产生的。用这种论断来说服艾瑞尼·坎布雷克,就是想唤起艾瑞尼对学校社群的认同感。安吉拉对艾瑞尼说:"看,这是我们做出的决定。抵制它,你就脱离了这个社群。你就不再是我们中的一员了。"从属关系依靠公开参与来稳固,抵制业已达成的一致意见意味着与团体的决裂,这种观点是任何民主社群之道德风貌的重要部分,也是使决策正当化的强有力手段。

此种民主观并未提供有关公立学校之主权问题的充分解释。公立学校由税收资助,税收直接或间接地来自于州或当地公民。此外,这些公民即使没有直接参与学校事务,也对教育的质量和特征感兴趣。因此,课程委员在本案例中建构起来的方式并不能代表纳税人或其他公民的利益。如果教育决策的主权隶属于这样的内部委员会,如果教育决策在未受到更大范围社群监督的情况下便可以由参与学校事务的人直接做出,那么民主主义的诸多重要信条将会被破坏。这里将会出现课税但却不能被代表的情况。社区居民们会发现,尽管他们需要通过纳税的方式支付学校教育费用,但他们却不能对学校发挥影响作用,他们按要求将自己的孩子送进学校,无论学校所提供的教育是成是败他们都只能承受结果。所有这些都表明有理由必须将主权置于学校的最近社群之外,应该授权给民选代表。我们称这种形式的民主为"代议制民主"。

安吉拉·多莫在驳斥艾瑞尼·坎布雷克时,手上最大的王牌就是代议制民主。在民主社会中,公共教育主权最终要掌握在经选举产生的立法团体手中。反对学校董事会的权力,即是在反对代议制民主。

在我们的社会中,鉴于它的政治传统,不赞同安吉拉·多莫最终是正确的是很难的。同时,我们也应该注意到代议制民主的不足之处。学区是典型的大型实体。它可能包括数万乃至数百万的人口。他们可能雇佣成百上千的教师和管理者,而这些人可能要负责数千学生的教学。在这样大型的组织中,学校委员会的成员要想直接参与到任何一所学校的具体事务中,几乎是不可能的。故而,学校董事会通常会制定政策并雇用管理者来执行政策。教师作为雇员,对他们的雇主负有责任。当他们的雇主做出决策时,他们可能有行使独立判断的空间,也可能没有此种空间。但是抵制雇佣方已经表达的意旨,即是犯了不服从民主权利的过错。这样的学校可能是遵照等级化的方式建立起来的,教师将会是命令链条中的最末一环。将主权划归给遥远的立法团体,可能使教师成为只是执行别人决定的人;而那些作出决定的人处理教育事务的能力却远远无法得到保证。这有可能否定了教师在政策中的发言权,也可能否定了学校从教师的智慧及参与决策中获益。在一些情况下,教师可能需要被迫在专业伦理与对雇主的职责二者之间选择。就算艾瑞尼·坎布雷克基于专业主义的观点不足以使她具有决定自己班级事务的权力,我们也不能无视这样一个事实,即她可能确实是处在最了解什么是对学生最好的那个位置上的人。

从以上这些观察中可以得出两个结论。一个结论是,学校在考虑如何做出决策时,关于如何分配权力以满足不同的价值观这一问题,存在着不同的观点。专业主义强调专业知识和能力,社群式民主强调参与和讨论,代议制民主则强调平等地代表所有的公民。这些价值似乎都是可称道的,但又很难同时满足。第二个结论是,无论何时,当存在极其重大的分歧时,我们必须提出主权的问题,在我们的社会中我们的结论必须是主权掌握在人民手中,除非人民将它授予别处。这就意味着教师们不是法律专业人士,他们必须尊重立法机构的决定,即便他们认为这些决定是错的。(当然,这并不意味着不存在合法的或道德上正确的方式来驳斥糟糕的决定，也不意味着教师没有资格为他们自己寻求专业地位。）

专业主义和正直从教

对艾瑞尼·坎布雷克而言，这不仅仅是一个有关主权或是如何解决分歧的问题。对艾瑞尼来说，这是一个良心问题。她的正直正面临威胁。如果决策仍然与她的意见相反，那么她可能会被迫以在自己看来不专业且有害的方式从教。作为工作的一部分，教师们经常被期待参与一些他们认为并不明智的活动，我们有必要对此种情况下教师应该做什么多做一些讨论。最近一些年，由于教育政策的转变，越来越强调对课堂实践的外部控制以及降低教师的自主，在教师的最佳判断与工作要求间的矛盾越来越多。对于学校和教师的评价也越来越依据标准化考试的结果，这些考试测量学生掌握州所规定的课程内容的程度。人们期待教师教要考的东西，而且对于他们而言什么是最佳的实践也被外部规定了。其他的一些政策，诸如零容忍法案、维纪计划，规定了教师的纪律管理实践。这里我们不去争论这些做法是否是误设的或是具有广泛的不良影响，但是这些做法的确侵害了教师对自己课堂和教学的自主权，它将会导致教师的正直同他们在政策要求下所需做的之间产生矛盾。正直从教意味着什么？当教师的正直受到挑战时，他们该怎么做呢？

假定艾瑞尼这样说："我教了很多年的书而且教得不错。我的经验表明，此种实践对孩子们是有害的。对于此事的情感以及我的道德原则都禁止我做自己所认为的对孩子们不利的事情。"尽管我们尊敬那些对自己的实践怀有坚定信念的教师，但是我们认为这样的话没有说服力。它将艾瑞尼对学校政策的抵制，建立在了个人经验及情感之上。让我们将这种回答与第二种可能的回答做一下比较：

"我回顾了关于这个话题的文献,也和试图教小孩子分数的其他老师讨论过这个话题。研究和经验支持如下一种共识,即教这么小的孩子学习分数往往会失败,而且还会伤害孩子们的情感。此外,小学数学教育协会制定了一套教学指南,指出分数教学只能从小学高年级开始。我们知道这种做法是有害的,我的良心不允许我这样做。"

在这两种辩护中,艾瑞尼都声称自己的正直感遭到了侵犯。但在第二种情况下她强调了两个重要的观念。第一,她声称她的观点是以一类知识为支撑的。它不仅仅是她个人的想法,更是被学术研究及许多教师的集体经验所证实的观点。第二,她声称她的专业学会已经承认并证实了这一类知识,而且还在一套指南中对其进行了清晰的表述。这样,艾瑞尼的观点就获得了以其专业标准为基础的专业上的依据。该依据有两个特征:存在一系列研究、经验与论证支持她的观点,同时她的专业共同体也认可这些证据。证据和同行的认可——而非个人想法——是专业保证的本质。

除了声明她的观点可以获得专业上的保证外,艾瑞尼还强调了她的知识和她的共同体塑造了她的良心与正直感。关于此事她不仅仅有个人的情感体验;同时她也内化了自己所在专业的规范,而这些规范塑造了她的判断与良心。她的专业主义与正直感是相互联系的。前面我们曾讲过专业主义不仅依赖于专业人员具备使他们处在可以做出最佳决策位置上的专业知识,而且还依赖于专业人员的实践受一套伦理规范所支配这一信念,其中,伦理规范强调的是专业责任与服务对象的福利。第二种回应便表明了艾瑞尼用的是这种方式。

很明显我们更喜欢第二种回应。为什么呢?当艾瑞尼以此种方式表明她的担忧时,她便使这一问题变得客观与可评价了,而且她还借助了自己专业共同体的权威。她已经向她的同事和校长说明如何对待此事不仅是她的良心问题,而且她的担忧是有理由的——这些理由已经得到了其他专业人员的思考,而且也被他们证实为是正确的理由。所以这些理由也应该受到她的同事们的尊重,而且他们可以进行评估。如果艾瑞尼要将她出于良心的言论仅仅建立在个人经验和感受之上,那么她便未能给予同事任何赞成、接纳或尊重她观点的理由。而当艾瑞尼以第二种方式作出回应时,她便打开了对问题进行理性讨论和对话的空间。她会宣称正直对她很重要,但同时她愿意公开讨论这一问题——并不是讨论她是否要为维系和谐而违背自己的正直,而是开展一种讨论,其中综合考量证据、推理和专业标准,这种讨论不仅可能形塑她自己的良心,还可以形塑其他人的良心。她邀请大家共同去探寻什么是最佳可做的事。

但是,假定讨论了一天,他们仍未能达成一致意见,当教师们被要求去做他们认为是不明智或有伤害的事情时,他们该如何保卫自己的正直呢?有几种可行方案:

1. **顺应雇主的期望**。面对关乎良心的问题,有时候可以让步吗?我们认为答案是肯定的。事实上,如果组织中的成员全将每一件事都看作是良心问题,并认为良心是最高准则问题不能做任何妥协,那么很少有组织能够存活或正常运作下去。圣徒常常受人仰慕,但他们往往是出了名地难以相处。实际上,当我们有关某些政策或实践的论点被击败的时候,民主便要求我们尊重多数人的意见并依其行事。正因为艾瑞尼是一位好教师,她会继续对学生做更多的好事,少做伤害学生的事(特别是如果她对可能的伤害非常敏感的话),所以她应该按照要求去教学,即使这种要求不合理。

2. **寻找建设性的方式继续强调个人的情况**。这里我们并不是说艾瑞尼应该在各种可能的状况下对此事进行努力争取。但是,她可以建议说,鉴于在这件事上存在着合理的反对意见,所以在合理的试验之后应对此问题进行重新的评估和考虑。有些决策是合法的并在程序上是民主的,但这并不意味着进一步的讨论与重新思考就得被禁止。艾瑞尼可以基于在恰当的时候要求重新思考这一实践来继续此种对话。

3. **灵活执行政策**。有时候,以创造性的方式遵守不明智的命令,可以将原本有害的事情变成富有成效的事情。这里面我们可不是要我们的老师们变得狡猾,而是建议他们更富有想象力些。
4. **辞职**。有些时候,如果我们被要求做一些自己在良心上实在无法接受的事情,同时我们又不能使相关方面重新考虑或改变决定,那么我们除了退出外便没有其他选择了。正如你所注意到的,并不是每次不同意见都是这样一种情况。只有当我们被要求去做那些在根本上违背了核心道德观或在我们看来会产生严重而持久伤害的事情的时候,辞职才是一个比较好的选择。但这些都是模糊的标准,其中不可避免地包含着艰难的选择。

伦理对话

或许有人会认为艾瑞尼·坎布雷克的错误在于她没有更努力地将案子提交给学校共同体。我们或许会说,"她应该去找课程委员会,并尽力解释自己班上发生的事情",或者"她有点过于对抗了;没有给安吉拉·多莫和学校董事会重新思考的机会"。这些观察将问题视为需要进行更多对话而不是需要讨论主权归谁的问题。这个问题应该进行详细的讨论。为什么呢?

思考一下对话可能遵从的两种价值观。我们称之为"共同体价值"和"理性价值"。[①]

对话常常能够巩固社群。它能够强化一种共同事业感,并因此建立一种成员

---

① 我们在这个部分阐述的许多观点受到以下研究者的启发:尤尔根·哈贝马斯的理想的对话共同体(ideal speech community)以及约翰·杜威在《民主主义与教育》中对共同体重要性的强调。

身份感。通过对话，这所学校变成了我的学校，它的目标变成了我的目标，它的活动变成了我的活动。当决定是通过对话达成时，参与的个体将更可能认同它并自觉地关注它的执行情况。即使对话未能促进一致意见的达成，它也可以培养尊重和理解。人们能够从他人角度来看待问题，同时也能够在无法达成一致的情况下容忍差异。对于一个组织而言，如果它希望通过一种有目标的且尽职的方式来完成自身任务，那么所有这些特点似乎都是必要的。对于那些可以使员工感到工作是有回报的且人际关系令人满意的组织而言，它们也是非常重要的特征。

相反，频繁地运用权力可能会导致共同体的瓦解。当人们仅仅是出于义务感才服从某些权威，甚至更糟糕的情况是当他们感到被权威所强迫时，他们将不再出于对共同体、共同体目标或共同体成员的忠诚而工作。当共同体遭瓦解时，人们便不太可能做好自己的工作了。通常情况下，当教育者们拒绝将分歧当作行事主权的机会而努力寻求更多的对话时，他们便是在努力维护共同体。对话同样服务于合理的探究。它为人们提供了一个向他人学习的机会。人们可以获得新的概念与新的理解方式。不同的想法都是可以经受批评的。那些拥有专长知识的人也有机会与他人分享自己的知识。此种反思的社会过程对于伦理议题特别重要。我们已经说过，道德反思是一种尝试以原则的方式表达道德直觉，并将这些原则在其他情况下进行应用与检验的努力。我们也强调道德反思应被看作一种社会进程。之所以这样说有很多的理由。首先，当观点被分享时，任何的反思过程均会得以改进。第二，运用于一个社会机构中的伦理原则必须是公开的。它们应该为公众所熟知与共享。因而，除非经由公开的讨论和辩论，否则不可能是这样的。最后，有关伦理议题和概念的对话为个体不断以更成熟的方式思考伦理问题提供了有益的情境。我们认为除非通过进一步的关于伦理的对话强化与深入理解书中教给你们的概念，否则你们从这本书中所获得的东西不会产生持久的影响。老师们只有参与对话才可能掌握这些概念。伦理概念是社会产物与社会资源，它们的活力与复杂性有赖于对话。反思均衡,既是社会事务也是个人事务。

在伦理反思中对话之所以重要还有另外一个原因。一些伦理决策可能会因为参与其中的人全部赞同而获得效力。乍一看这似乎是有问题的。很明显,一致意见并不总能确保真理。地球永远不会是平的,即便每个人都认为地球是平的。或者让我们设想一下,一群犯罪分子一致同意可以去抢银行,然后干掉所有的目击证人。说他们的一致意见赋予他们抢劫和杀人以正当性,似乎是没道理的。

但是如果我们注意到两件事,便可以另用一致意见来证明伦理决定或原则之正当性的观点更受欢迎。首先,当我们参与到诸如"地球是圆的"这类断言的对话与调查过程中时,似乎可以假定我们所做的事情是要发现地球的形状。"地球是圆的"这一观点只有在事实上真的是地球所具有的形状时才会是真的。但是当你在思考伦理问题时,并不能清晰地呈现出我们是在努力获得对事实的描述,同时在只有当事实确实如此时我们的观点才是正确的这一点上也不清晰。如果伦理观点并非意在描述某种独立的事实,而是关于我们应该将什么理解为是公平的、公正的和正确的观点,那么在相关的各方间达成一致意见可能在确定伦理原则与决策时发挥着不同的作用。

第二,我们可能需要更加仔细地检视一下在上面的谋杀和抢劫例子中一致意见的本质。谋杀和抢劫中的受害者并不是一致意见中的参与者。他们应该参与吗?我们能想象在抢劫犯与他们意图谋害的受害人之间进行的一次对话会使后者同意被抢或被害吗?也许我们可能这样想。但是这场对话必定有些不寻常的地方。也许被害人受到了某种威胁才会同意。或者他们在自己同意的事情上受到了蒙骗。

因而,并非任何一致意见都足以使一项伦理决定或选择具有合理性。相反,一致意见必须是一种由满足一定条件的对话所带来的共识。例如,参与者不能受到强迫或欺骗。那么,或许任何能够确保一项伦理选择之正当性的伦理决策,必定是符合下列条件的对话的产物：所有相关人员必须参与讨论。讨论必须是"不受操控的"，即不应有人受到强迫、灌输或操纵，每个人都应有平等的地位。在讨论中，任何人所发挥的都不应是那种只能被解释为对其他人行使权力的结果的作用。决策应是被人们所广泛知悉的，不存在对任何相关观点的压制，也没有任何辩论会被忽略。最后，经由这样一种对话所形成的决策应该符合一种被我们称之为互惠的条件。决策中的个体参与者应能够且愿意从其他参与者的视角来进行思考，能从各种可能的观点中寻找合理的决策，而不仅仅局限于自己的视角。这些条件界定了一种开放而不受操纵的对话。

这些思考从一种不同的角度讨论了一致意见的问题。看来确实可以认为如果伦理决策是经由类似的对话所达成的一致意见那么它便是正当的，或者至少在某种程度上是正当的。一项伦理决策是否是经由开放与未受操控的对话而达成的，可能是在事实上决定这一决议是否正确的一个要素。确信此点的一个理由是，我们所描述的这种对话满足了尊重人这一原则。它创造了各种条件，使得人们在其中可以被作为平等的人加以对待。所有的利益都被尊重，每个人的观点都予以考虑。人被看作目的而非手段。因此，我们可以将开放与不受操控的对话看作是平等尊重原则在道德审议这一社会进程中的应用。

那么，或许我们应该拒绝在专业主义和民主之间做出选择，而坚持更为开放与不受操控的对话。我们已经发现这种开放与不受操控的对话至少具有四个重要的。这种对话有助于建立共同体；它促进推理；它有助于人们理解复杂的道德审议所需要的概念与过程；最后，某一伦理决策来源于开放和不受操控的对话这一事实，本身便可以成为使决策具有道德上正确性的一个要素。

这样的讨论也有助于我们识别促使伦理对话成为一种良好对话的一些特征。我们认为，这些特征可以用开放、不受操控的对话这一短语来有效地做出归纳。开放的对话接受所有相关参与者的观点。此外，它尊重证据与论点，因而不会试图将任何相关思考排除在表达之外。不受操控的对话避免了用不平等的权力关系来影响讨论。它强调讨论要尊重参与者的平等价值与平等利益。

这些观点表明了讨论是道德审议的关键。道德审议应该被理解为一种以合作的方式开展的社会活动。伦理对话中所寻求的反思均衡是一种社会结果。持续的分歧表明反思均衡尚未实现。

道德审议应被视作一种社会的与对话性的活动,它引出了有关教师在学校中的伦理生活的两个观察。我们可以以此来结束此处的讨论。首先,我们社会中的学校的特点从根本上使教师的伦理反思成为一种独立的事务。教师们在独立的教室中工作。学校也没有多少可以自发进行伦理讨论的平台。而且许多学校的组织架构是等级分明的,这妨碍了任何真正的对话进程。其导致的结果是教师不太可能有很多机会参与到开放的与不受操控的伦理对话之中。如果我们在这一点上是对的,这便是我们学校制度的一个重大缺陷。

第二,如何对待伦理决策中的个人真正问题,也是教师们需要小心的地方。如果有人认为道德审议仅仅是个人自己的事,那么他便会以一种不容置疑的方式来思考最后的选择。有人可能会解释说:"我所做的这个决定,是我所能做出的最佳的道德反思的结果。它体现了我对何为正确的最佳判断。由于我认为这个选择是要做的正确的事,因而我有义务去追求它而不管其他人会有什么想法。我不能对自己的原则进行妥协。我的正直感正受到挑战。"得出此种结论的人,冒着与其他人发生不可调和的冲突的风险,因为其他人也可能以同样的尽责的方式进行了反思但却得出了不同的结论。安吉拉·多莫和艾瑞尼·坎布雷克似乎都这样做了。她们二人均选择了一种一旦动摇,个人的正直感便会被舍弃的立场。

有时道德的个体不得不拒绝在自己的正直感上做出妥协。但是如果我们承认伦理反思既是一种社会的和对话的进程,也是一种个体的过程,并且认为某一决策之正当性的一个要素是在一场不受操控的对话中说服参与其中的其他人的能力,那么,无论何时在我们发现自己与他人在伦理事件上存有分歧时,我们都不太可能感觉到正直感受到了威胁。我们更可能愿意多走些路以寻求共识,而不是先为自己挖一个道德避难所。最后,我们也不太可能发起这样一种决策议程,其中决策被转变为一个谁有权力的问题,相反,我们更可能展开一次服务于共同体的有益的、开放的且不受操控的审议进程。

补充教例

沉默不是金

看来波妮·克里得快要辞职了。她已经在米勒斯韦尔高中当了四年的生物老师而且拿到了终身教职。感谢上帝!米勒斯韦尔是美国南部圣经地带一个美丽的小镇,那里的人们优雅、勤劳。这些都是她喜欢的,但是在圣经地带教生物其情形即便不像是地狱,也至少是极其艰巨的。在米勒斯韦尔,进化论并不是一门受欢迎的学科。没有人在这件事上真正地强迫过波妮。她也曾被来自当地教会的一些人邀请出去吃午饭。他们很有礼貌而且也很关心她。波妮同他们讲,在她看来进化论与信仰上帝并不冲突。他们解释说,即使是这样,进化论与圣经上所教的东西也是不一致的。对于未能说服波妮,他们看起来很伤心但并未生气。波妮猜想他们在为她祷告——尽管她并没有做出违背宗教的极大恶行。她非常感谢这些善良的人们。她知道他们非常认真地对待自己的信仰,她也知道在其他地方生物教师的处境一直是非常艰难的。与大人们一样,她的学生们在讨论进化论时也很有礼貌,但是大部分人对它并不买账。"太糟糕了,"波妮想,"也许进化论对于美好生活而言并不重要,但对理解现代生物学来说它却是非常关键的。进化论不仅仅是被大部分生物学家所坚信的东西,更是他们思考生命体的一种方式。

教不包括进化论的生物学,就如同教几何只让学生记住各种证明,却不让他们发现证据,且结论应该根据假设得出一样。"与此同时,波妮非常小心地尊重着学生的宗教信仰。每次讲到进化论时,波妮都会告诉学生她不要求他们相信进化论是正确的。但是她确实希望他们能够知道进化论是关于什么的,以及它在现代生物学中的地位。波妮、她的学生们以及社区似乎已经达成了一种和解。或许波妮并未能使学生如她希望的那样来思考生物学,但是她一直忠诚于自己所在领域的基本原则,并维护着个人专业上的正直。

不幸的是,事情发生了一些变化。在立法机关成员的唆使下,州学校委员会对应该如何教授进化论的不同观点进行了调查。他们驳回了彻底禁止进化论教学的建议,同时也反对给予进化论和神创论以同样教学时间的想法。他们知道最高法院重新审议了与此事相关的立法,而且发现它有违宪法第一修正案中的"国教条款"。眼下他们的想法是这样的:州应当确定一份非常详细的生物学课程大纲并进行考试,考试要紧扣大纲,而所有的学生要想毕业必须通过考试。州立的课程将强调健康、环境保护和生态学。当学生修完这些内容之后,他们会了解大量的关于基本食物群、再循环利用的重要性及酸雨所引发的问题等方面的知识。州课程大纲中不会包括进化论。其中不会禁止教师们教授进化论,但他们首先要对完成州立课程大纲负责。

波妮不知道通过设立州生物课程来故意压制进化论的教学是否会被证明为不合法。但她可以确定的是,她没有时间在完整而系统地教授进化论的同时,完成新课程的所有内容。进化论将会成为新课程的一系列注脚,这是她无法接受的。脱离了进化论的视角,州定新课程中的任何一个主题都无法被学生深入掌握。她被要求去教的不是生物学家所理解的生物学。新课程要求她将自己的知识领域错误地呈现给她的学生。她如何能够保持正直的教学,又不违反新课程的规定呢?

五段并不够

州政府已经决定,本州学生需要知道如何写作。摩西·约翰斯也认为应该这样。他已经教八年级学生写作课很多年了。州政府同时也规定,八年级的毕业生要在州测验中写一篇五段的作文,以此来检测他们的写作技能。摩西对此感到不安。为什么要写五段?为什么不是三段或者七段?难道好的作文只能以五段出现吗?他对将以怎样的方式评价这些作文也感到一丝担忧。通常,当阅读学生们的作文时,他给出的评语各不相同。他纠正拼写和语法错误,还会讨论写作风格,并帮助学生保持语言的活力和优雅。有时,他能就学生们如何能够提高写作的连贯性和说服力讲上很多。写作是艺术,是逻辑,是修辞,同时也包括很多其他的东西。他被告知不必担心,因为州政府会制定一项评价量规,以便可以有效地评价五段作文,并使评价建立在统一的标准之上。摩西怀疑一项包含任何复杂性的评价作文的量规都会比较难懂,以至于难以在多个评价者之间取得一致。任何能够以一种一贯的方式被应用的量规,都应该是简单的。而州测验权威向他保证量规没有这些问题。他只能静观事态的发展。

五段作文将成为课堂教学的重点,这让摩西措手不及。学生必须在作文考试中取得好成绩,也让学校感到压力山大。在成绩报告单上,他们将会把不同学校的成绩进行比较,因而五段作文将成为他所在区所有八年级英语教学的主要关注点。好吧,摩西决定只是用自己平时用的材料来让学生练习写五段作文。可这样做的问题是,州里的考试不是让学生就他们所熟悉的故事或文章写一篇五段作文,而是给定学生一个段落让他们去讨论,或者要求他们写一些谁都能写的东西——例如他们熟悉的人或他们的住处等。如果不这样,你又怎么能将一篇作文放进一套标准化的考试形式中呢?此外,事实证明评价的量规并不关心论证的精美或写作的风格质量。这并不是说量规试图评价的东西不好,的确学生们需要知道如何拼写,如何写出合乎语法的句子,如何合理地组织段落,以及按顺序呈现观点。但摩西觉得,写作所涉及的方面要远比这多得多。

对摩西而言,真正的问题在于他的学校坚决要求经常地进行这种写作练习,并且要完整地反映出州测验的要求。这意味着每周都要用州里要求的方式布置许多作文,并要运用州里确定的量规进行打分。如果这样做,那么他该略去自己课程中的哪些内容以便给新的要求腾出空间呢?摩西想起了不久前他读到的一篇有关高风险考试之后果的文章。作者的论点是什么来着?哦,是的……作者声称,目前并不能清晰地知道高风险考试是否能使学生学到更多知识,但有一点是清楚的,它往往会导致课程的扭曲以及为考试而教。他记得相反的观点是这样的:如果测验可以测试的是学生对高标准的掌握程度,那么如果教师能按照标准调整他们的课程并依据测验来教的话,这岂不是一件好事。现在摩西明白了新要求对八年级英语意味着什么。或许这可以改善州内许多课堂中的教学状况,但他认为量规并不会改善自己的教学。

摩西以前从未讨厌过数字,毕竟与他同名的人还写过《摩西五经》。但是他现在开始讨厌数字"五"了。现在,这个数字"五"唯一让他感兴趣的是,再教"五"年他就可以光荣退休了。

若干问题

1. 在我们对正直从教的评论中,我们说过有两个因素可以将基于专业标准与基于个人判断的有良心的判断区分开来。它们是证据与证实。在这两则案例中,教师们所诉诸的标准包含了证据与证实吗?

2. 在每一则案例中,教师们均声称,外界要求他们所教的东西未能充分地代表学科内容。但是无论在哪种情况下,都没有要求教师说谎或是否认他们所教学科中的基本事实。相反,他们自己要判断自己所教学科的目的是什么(或不是什么),该学科的证据标准是什么,或应要求他们班上的学生知道什么、理解什么以及做些什么。在这些问题上有专业标准吗？想一想你自己的教学专长领域。什么样的标准是"内在于"你的学科领域的,以至于当你被要求去否定它们或不能承认它们时,你会发现它触碰到了你的良心？

3. 有时关于这些事情会有激烈的争论。专业人员之间存在分歧这一事实,便意味着在这些问题上没有专业的判断标准吗？

4. 在安吉拉·多莫和艾瑞尼·坎布雷克的案例中,并未包含关于学科内容之本质的分歧,而是在学习分数的准备状态上出现了不同意见。学科专家是以学者身份参与实践活动的人,如物理学家是物理方面的专家。那么,在学习准备状态方面谁是专家呢？关于教学,还存在其他领域的专业知识吗？

5. 在每一则案例中,那些被教师们认为威胁到他们专业正直的决定与政策均是以民主的方式确立的,因为它们全是由立法机关或由立法机关授权的人所做出的决策。这些教师对合法政策的抵制是不民主的吗？

6. 在我们上面提到的策略中,哪一个(如果有的话)可以为教师所用？还有没有其他的策略？这些对专业正直的侵犯,是否严重到了使教师除了辞职外别无他路？

7. 我们已经讨论了许多有关对话的美德。在这些案例中有可能进行对话吗？应如何促成对话呢？

进一步探究

1. Benjamin, Martin. "Moral Reasoning, Moral Pluralism, and the Classroom." In *Philosophy of Education* 2005, edited by Kenneth R. Howe, 23 - 36. Urbana, IL: Philosophy of Education Society, 2005.
此文提出了伦理学中的反思均衡观点。

2. Gutmann, Amy. *Democratic Education*. Princeton, NJ: Princeton University Press, 1987.

讨论了伦理学与教育政策的问题,强调了审议民主在教育思想中的核心作用。

3. Gutmann, Amy, and Dennis Thompson. *Democracy and Disagreement*. Cambridge, MA: Harvard University Press, 1996.

有关审议民主的宣言。

4. Habermas, Jürgen. *Moral Consciousness and Communicative Action*. Cambridge, MA: MIT Press, 1900.

对把对话看成是伦理决策之核心的"商谈伦理"做出了辩护。

5. Strike, Kenneth A. "Is Teaching a Profession: How Would We Know?" *Journal of Personnel Evaluation in Education* 4 (1990): 91-117.

讨论了自由与专业主义之间的矛盾。

6. Strike, Kenneth A. "Professionalism, Democracy, and Discursive Communities: Normative Reflections on Restructuring." *American Educational Research Journal* 30, no. 2 (1993): 255-275.

此文将洛克式的民主传统从审议民主中区分出来,并将这一结果用在专业共同体的概念上。

7. Strike, Kenneth A. "Common Schools and Uncommon Conversations." *Journal of Philosophy of Education* 41, no. 4 (2007): 693-708.

此文讨论了对话在处理教授创造科学、同性恋者权利、教授圣经这三个有争议话题时的作用。

(秦 艳 王丽佳 译)

第 7 章

结论与后记

本书所做的教例分析,多数是通过对比结果论与非结果论的观点来进行的。(这是组织伦理两难问题讨论的一种方式,但不是唯一方式。)有什么理由推崇其中的一种取向而不推崇另一种取向吗? 我们只作几点简要的提示。首先,两种观点都不充分。其次,每种观点都在一定程度上弥补了另一观点的不足。也许我们应该问能不能把它们结合起来。

在我们看来,非结果论的概念更为根本。原因之一就在于它们通常是结果论观点的预设。为明了个中原因,让我们提出如下功用主义问题:在计算个体的平均幸福时,我们为什么要同等看待每个人的幸福呢? 也许某些人生来就比其他人更有价值,他们的幸福因而更具重要性。在计算平均功用时,我们就得用个体的幸福去乘以反映他们内在价值的系数呀。要解释这个建议何以唐突无礼,我们很快就会被引到诸如同等尊重每一个人、不偏不倚、普遍性之类的非结果论概念上来。

非结果论观点的主要困难在于,要是不知道什么对人类有益,不知道行为怎样影响到他人的福利,就不能一以贯之地贯彻非结果论的观点。平均功用原则也许没有很好地把握尊重人这一观念。果真如此的话,那就可以得出结论说,我们需要别的一些原则，以表明我们怎样去确定那些确实把握同等尊重这一观念的结果。一种可行的伦理学说会在非结果论理念框架中隐含着某种对结果的关注。

我们来评论一个考量，以此作为结语。这个考量，是本书探讨背后一个重大的驱动因素。我们花了大量的时间讨论道德相对主义，比较结果论与非结果论的观点。我们之所以这样做，是因为我们相信，对于它们的理解不仅关乎教师应该如何对待学生，也关乎我们对教育是什么的基本理解。

史载，苏格拉底说过，未经省思的生活不值得过。为什么不值得过呢？在我们看来，这句格言的要义在于，一个人不反思自己是怎样过日子的，就是不承认自己作为道德主体的身份。这是拒不接受对自己负责。从根本上说，这是拒绝成为人。

我们曾经不满于功用主义，因为功主义者首先关注的是幸福，而不是作为人的成长。成长必定是一种有条件的价值，依附于幸福。我们曾经不满于相对主义，因为它在摧毁了一切事物的意义的同时，也摧毁了道德成长的意义。

在我们看来，作为一个道德主体，作为一个关心他人并愿意且能够接受对自负责任的人，作为一个能够就某种共同生活与他人进行开放、不受人控制的对话并且接受对群体生活的共有责任的人，最引人注目的事情便是成长了。促进这种发展，乃是教师应该关注的根本问题，不论教师还关注了别的什么。我们在培养人的事业中首当其冲。我们的首要职责，就是尊重学生的尊严和价值，帮助他们取得自由、理性、富有同情心的道德主体的身份。

在学校的入口处镌刻意义深远的格言已成传统。我们建议，刻上去的应该是苏斯博士的一句话："人就是人，无论多卑微。"

后 记

斯特赖克教授和索尔蒂斯教授与哲学系的几个学生及一名同事一起去吃午饭。学生们刚刚读完《教学伦理》。哲学家和学生们似乎都被这本书困扰着,于是就有了如下的对话。

学生甲:我回家休息时,随身带着你们的书。我父亲浏览了一遍,他对这本书表示出极大的不满。他说,不能脱离宗教来讨论伦理。他怀疑你们两位都是世俗的人道主义者。我不想这么极端,但在我看来,我所接受的宗教训练好像成了我的伦理观的一部分。我难以脱离宗教去思考伦理问题。

学生乙:我倒从来没有想过你们是世俗的人道主义者。但在我看来,你们确实遗漏了许多东西。我读过几位女权主义作者的书。她们大谈关怀,并且认为你们所写的那种伦理学是男性伦理学。教育伦理学难道不该对教师关怀学生发表些看法吗?

哲学家:你们两个不只是忽略了宗教和关怀——你们也忽略了哲学的大部分历史!在你们的著作中,好像这世上存在过的哲学家只有康德和一些功用主义者。亚里士多德、柏拉图还有杜威呢?他们在伦理学和教育上都有过一些相当深刻的论述,为什么对他们只字未提?

斯特赖克:(看上去极其不安)嗯……啊……好吧,至少我非常确定,本人不是世俗的人道主义者。事实上,我是长老会教友。但我不得不承认我们在书中所呈现的伦理学观点确实非常世俗化,而且康德和功用主义者在书中占据着核心位置。不过,本书是为那些可能持有各种不同宗教信仰或是没有宗教信仰的未来教师写的,他们将要在公立学校中执教。对于公共机构来说,从宗教的立场出发去讲授伦理学，会存在一些明显的问题。如果伦理学不能在一定程度上与宗教相分离，那就很难确保在公共情境中谈论伦理学又不冒犯一些人的宗教信仰自由。

索尔蒂斯：（带着惯有的自信）或许柏拉图能帮助我们理解为什么伦理学必须独立于宗教。柏拉图在一篇题为《尤希弗罗》的对话中讨论了虔敬的本质。我能提出一个类似于但又不完全是柏拉图式的论证。假定有人说，正确的行为就是上帝命令的或期许的行为。一个现代派的苏格拉底（在对话录中是柏拉图观点的代言人）会问，上帝是怎能做到每次都是命令人去做正确的事情呢？有两种答案，但都不十分让人满意。一种答案是，凡是上帝命令我们去做的都是对的，凡是上帝禁止我们做的都是错的。可果真如此的话，那么，上帝要是命令谋杀，谋杀就成对的了；或者，上帝要是禁止仁慈，仁慈就成了邪恶。

学生甲：但是我从不会相信上帝只在武断地命令或禁止一些事情。我一直认为，上帝是公正的，是善的，也正因为如此，他只会命令人去做那些本身就是公正的和善的事情。

索尔蒂斯：那当然是另一种选择。行为并不是因为上帝命令这么做就对。相反，上帝因为它们是对的才命令这么做。不过，这有利于我们不把上帝在对待人类时弄得看上去武断，可它也表明对与错的区别并不取决于上帝的意志。如果上帝命令的行为之所以是对的，是因为行为本身就是对的，那么对的行为必定有独立于上帝旨意之外的、使其成为正确行为的原因。在这个意义上，上帝与一位明智而公正的人类统治者并没有多大区别。他命令正义的行为，因为这种行为本来就是正义的。可是，正确或正义的标准必须独立于它是被命令的这一事实。如果是这样的话，我们就应该能够说那些使某事为对或为错的东西，而不用考虑上帝有没有这个旨意。

哲学家：是的,是的。但是你知道,实际情况要比那复杂得多。例如,一些神学家坚信,上帝的旨意所表达的是他的天性,而不是他的意愿。柏拉图式的论辩(或者你这种柏拉图式的论辩)似乎不能成功地反驳这种观点。

斯特赖克：事实上,我一直认为,使神学伦理学有趣的东西,与所有这些关于上帝旨意的东西没有多大关系。在我看来,重要的是神学伦理学有一些世俗伦理学往往不包含的独特的伦理概念。我认为,和解和救赎之类概念,即使撇开上帝不谈,也是相当重要的。有人可能会争辩说,宗教伦理的一个主要内容是关于关系的重建。

学生乙：甚至可能给关怀留有一席之地了?

斯特赖克：我认为是这样。

哲学家：好,我相信那是非常好的,但是可怜的亚里士多德和杜威还是被冷落了。你们在书中确实可以不必大谈特谈关怀、救赎与和解。亚里士多德有许多关于性格养成的言论值得我们倾听,而杜威在教育哲学方面也有许多重要的论述。

斯特赖克：我对亚里士多德关于性格形成的观点一直印象深刻。

索尔蒂斯：我也推崇杜威的教育理论。

学生乙：好呀,如果斯特赖克教授热衷于关系和亚里士多德,索尔蒂斯教授喜欢杜威论述教育的观点,那么为什么这些观点在这本书中没有任何体现呢?

斯特赖克：其中的一个原因是,我们并不想回答像"美好生活的本质是什么?"或者"好教育的本质是什么?"这样的问题。我们认为我们是就一群在这些事情上可能有深刻分歧的人怎能在公共机构中开展合作并解决争执提出问题。

学生甲：我很困惑。例如,为什么这就能使你们忽略上帝?

斯特赖克： 假定在某个共同项目上，或许就是在为你们的孩子们提供某种教育这件事上，你和一个无神论者不得不一道工作，再假定你们不得不就合作的基础达成共识。要是那个无神论者坚持无神论必须成为你们合作基础的一部分，你会有什么感受？

学生甲： 显然我不喜欢那样，我会拒绝合作。

哲学家： 那么，反过来，你会坚持要求那个无神论者接受你的有神论观念，并以此作为合作的基础吗？

学生甲： 哦，那实际上似乎不公平，尽管我认为他要是赞同我的话他会更好。不过，我认为，如果不许他坚持他的无神论的话，相应地，我就不能要求他赞同我的有神论。

斯特赖克： 如果你不能坚持你的有神论，他也不能坚持他的无神论，那么你们会怎么寻求合作的基础呢？

学生甲： 嗯，我想我们会不得不达成共识，将我们宗教信仰上的不同当成是在学校之外进行的私事。

学生乙： 我还认为，就算我们在宗教信仰上有分歧，我们也会不得不发现一些我们能够达成共识的伦理概念。

哲学家： 你们可以思考一下，如果你们坚持以这种方式思考你们的"公共机构伦理学"，你们就得去发现种种远比宗教中立得多的伦理原则。对于大部分有关美好生活的清晰观点而言，这些原则必须是中立的；甚至对于种种有关好教育的相互冲突的观念而言，它们也必须是中立的。毕竟，许多想要在公共机构中进行合作的人，在这些事情上也会有分歧。

斯特赖克： 我认为那基本上是正确的。对一个多元社会来说，"公共伦理"必须对许多重要的事情保持中立。它对美好生活与好教育的观念会有些浅薄。但这并不意味着对最美好的生活方式以及对于好教育的"更为深入"

观点就不重要。而是说,在一个自由的社会,我们不能将它们强加于人。

学生乙:那么,人们即使在这么重要的事情上有深刻分歧,也能就何种伦理概念达成共识吗?

索尔蒂斯:它们大多数与何为正义或公平有关。我认为,我们在本书中所谈论的伦理原则就是很好的例子。自由言论、正当程序、隐私权以及民主决策之类的观念好像就是这样的事情,人们对它们可能有很多的意见分歧,也可能达成共识作为公平合作之道。例如,要是有神论者和无神论者有某种特殊的理由不能就正当程序达成共识的话,我会惊讶的。

学生乙:可是,性格养成或者诸如人与人相互关怀的关系为什么被忽略了呢?斯特赖克教授似乎认为它们对于缜密的伦理学是重要的,但你们对此并没有多加提及。

索尔蒂斯:我同意斯特赖克教授的观点,它们确实都是重要的议题。事实上,我认为,它们对教学伦理很重要。教师应该是具有良好品格的人,他们应该关心学生。同时,性格和关怀他人的能力,对于在我们来说,是一生都要发展的,而且它们从根本上说并不是认知问题。在这本薄薄的小书中,要说明如何改造人们的性格或者使他们转变为关心他人的人,对我来说并不容易。但是我们确实认为,我们能够帮助人们理解什么是自由言论和正当程序,以及怎样理性地进行思考伦理,以使他们可以做出可讨论和可辩护的公共决定。

学生乙:但是,你们谈论的有关公平和正义的"公共伦理"听起来与关系伦理好像能够完全兼容。有些人不是认为只能在二者之中择其一吗?

斯特赖克:确实有些作者认为这些观点好像是对立的,但我很不为以然。

哲学家:那你怎么看?

斯特赖克:在我看来,关怀伦理或者其他以关系为中心的伦理试图描述人类关系的理想形态。像爱、关怀、友谊之类的关系，对于人们的生活质量非常重要。而且，在一些情境中，重要的是这些关系应该成为核心关切。它们在哪里，哪里就几乎不需要为正义而烦恼，或者几乎不需要为制定出详细规定合作基础的规则而烦恼。在相互关爱的家庭中，往往没有必要去讨论公平或正义。事实上，当朋友们或者家庭成员们花费大量时间为公平问题烦恼时，那就会成为一个信号，表明友谊或关怀关系处在危机之中。

学生乙：所以，你认为，在那些关怀并没有被视为理所当然的地方，正义便是重要的啰？

斯特赖克：是的。或许在一个理想的世界中，人类关系会由友谊、爱或关怀所支配。但是世界并不总是完美的。而且，许多曾就友谊与关怀话题展开论述的作者也强调过，我们只能与特定的人建立这些关系。我们既不能与每个人都成为朋友，也不能关怀每个人。在如何与那些我们并不关心的人建立起负责任关系这一点上，我们必须做出决定。换言之，友谊和关怀是与那些在我们看来是善良的人建立关系的方式，是与一些人建立关系的有价值的方式。正义则告诉我们必须怎样与人建立关系，无论我们对某些人持何看法，也不管我们是否关心他们。"公共伦理"确立的是底线标准。它是一种道德安全网。

哲学家：嗯，在我看来所有这些都可疑，但至少我开始更加清楚你们为什么在书中保留某些内容而省略其他内容了。但这本书为什么塞的全都是结果论和非结果论的伦理学呢？

索尔蒂斯：我们之所以这样做，是因为这两大伦理学派拥有历史上哲学家们为正义的诸多方面寻求辩护时所运用的两种主要方式。尽管还有更多的东西需要学习，但是，凡是掌握这些论证的人，肯定都会在理解哲学家思考各种道德概念的方式上有一个良好的开端，而这些道德概念支配着尊重多元的自由民主社会中的社会合作。

哲学家：但是，我注意到，当斯特赖克教授就美好生活不同观点之间的中立性侃侃而谈时，索尔蒂斯教授却越来越沉默了。

索尔蒂斯：嗯，是的，有时我认为肯[①]有些忘乎所以了。我不知道一个可行的教育系统是不是真的不需要一种比他允许的还"更深刻的"美好生活的观念。还有一些他说过的事情，我也想做点修正。

斯特赖克：的确，尽管乔纳斯[②]是一位好同事，也是一位深邃的思想家，但我并不完全确信他已经彻底理解了这些议题。更糟的是，我一年里也会两次三番地改变自己对这些议题的一些看法。

哲学家：这就是说，虽然你们俩在写这本书的时候有足够的共识，但是如果我深入地追问你们的观点，可能还是会发现你们俩有着一些基本的分歧。

斯特赖克：也许吧。不过，我们认为，这本书最重要启示在于，即使人们对伦理概念的辩护意见不一，甚至存在严重分歧，人们还是能就公平待人意味着什么的一些基本规则达成共识的。

索尔蒂斯：事实上，尽管我认为那是一个重要的评论，但我认为这本书最重要的启示在于，如果人们要在一些困难而重要的问题上取得进展，对话和反思是必需的。毫无疑问，我的同事和合著者也极其推崇对话和反思。

斯特赖克：毫无疑问。

哲学家：但是，所有的对话都必须有个结尾。我提议将我们余下的时间用于决定谁为午饭买单。我想，既然是斯特赖克教授邀请我们参加这场会谈，那他就应该克服自己天生节俭的个性，把账给付了。

[①] 肯，是斯特赖克教授的昵称。——译注
[②] 乔纳斯，是索尔蒂斯教授的名字。——译注

斯特赖克教授对这个建议感到有些痛楚,心里默默地祈求他的苏格兰祖先宽恕他。但是,当他注意到学生们脸上释然的表情,又记起上一次是索尔蒂斯教授买单,便拿起账单走向收银台,边走边思考着有关公平之必要性的种种模糊的想法。

(黄向阳　王丽佳　译)

第 8 章

补充教例研究

到目前为止,我们思考过的教例都是为阐明道德的争端并使你思考教学伦理有关的基本观念而设计的。不过,真实世界的伦理情境却不仅仅阐明思想,而且为思想提供素材——它们要求做出决定,采取行动。作为复杂现实世界中的一个道德实践者,你需要确定他人合理的道德利益和权利。作为一名教育者,这意味着你不仅需要考虑学生合理的道德利益和权利,还需要考虑你的专业同行、其他职员、家长以及其他人的合理的道德利益和权利。这需要具备移情能力,即设身处地的能力。你还必须设计出一套合理的行动路向,它必须建立在道德概念和结果的基础之上,使利益最大化,或者使损害最小化,或者恪守重要的原则。有时候你甚至还得为你的决定和行动辩护。

当然,在你所面对的道德判断和行动中,并不是所有的都是事出紧急,性命攸关,或者遭到他人质疑。在与人们的日常交往中,我们彼此总是处于潜在的伦理关系之中,有的简单,有的复杂而棘手。通过这本书我们想达到的目的之一,就是希望能够提升你对人类情境中无时不在的潜在道德的敏感性,使得你无论何时都意识到它的存在,都能够负责任地处理它。这在有的时候不过就是展现对人的尊重,对他人隐私的尊重,即平等地对待他人。而有的时候,则要求更加深刻的思考、透彻的分析、谨慎的判断以及机敏的行动。有的时候,你要是与他人分享你的思想、感受和推理,将有助于你找到反思平衡,同时也有助于提升你作为一个个体和作为一个专业人士的道德成长。

这一章显然不能将现实的世界呈现在你面前,但是我们能够提供一些尚待分析的教例供你思考,这些教例涉及广泛的道德概念和潜在结果。它们不仅为你提供了一些伦理思考和理论探究的练习,同时也为你提供了一个将从本书中所学到的东西学以致用的机会。理想的方式,就是将这些教例拿来和其他人进行讨论。我们尽量使这些教例成为仅次于真实情境的最佳选择,它们都是日常教学情境中可能发生或确实发生的事件。大部分案例都是从一线教师的经历中提炼出来的。

使用这些教例时务必记住,我们对于伦理客观性的争论,其中有一部分曾提到,做伦理决定不只是遵守各种规则,或者说,不只是运用正确的道德原则并且无论如何都恪守它。考虑实际情境,利用你的道德直觉去寻求潜在的相关道德情感、概念和原则,检验它们,并且考虑你的道德理论的当下状态以及他人的权利、利益、感情和理由——所有这一切,对于做出关于合乎道德的行动路向的可辩护的决定来说,都是必不可少的。

当小组力图以客观而理性的方式在伦理上达成一个暂时有效的共识时,与人讨论这些教例会给你机会放声思考,并且听到别人放声思考。我们想,你将会惊讶于人们在道德直觉方面达成的共识,惊讶于人们不仅愿意倾听和尊重他人的看法,还愿意接受他人的充分理由,并据此改变自己的看法。这样做,应不仅仅是为了就教例本身取得共识,更是为了做出这种情况下道德上最可接受的决定。当然,也会有一些不同意见和悬而未决的情况。世界并不纯粹,也并不简单。在道德事务上客观而理性的讨论并不能保证在每个教例中都能成功地达致反思均衡,但它确实给道德成长和道德敏感性提供了比"青菜萝卜各有所爱"的相对主义策略更多的指望。

在你准备讨论教例,做出自己的分析时,下列程序和建议也许对你有帮助。不要把这些程序和建议看成是做道德决定的处方。这样的处方根本就不存在。当然,你需要运用自己的道德直觉,权衡后果,移情,寻求变通的办法,合乎情理且真情实意。但是,做这些事情并没有保证成功的特殊的或奇特的程序。创造性的伦理思维,需要通过以正确的态度和坚持不懈的努力去进行伦理思考来培养。

1. 快速阅读教例,做出一个在教例中"凭感觉"的教师决定。问问自己:作为教师,可以用什么道德概念或原则或后果来解释自己的决断,为自己的决断辩护?
2. 重读教例,试着把自己置于教例中其他主角的位置,扮演这些角色,你看到了教例中其他人物可能会提出什么样的合理主张、权利或伦理原则,从而给你充分的理由改变自己的决断吗?
3. 从教师的观点出发重新思考教例。起作用的核心的或基本的道德概念是什么?你能分别组织一种结果论的论证和一种非结果论的论证吗?哪一种论证更强有力?为什么?它们可以一起发生作用吗?用例子进行思想实验。
4. 与别人讨论教例。和他们一道检验你的立场。要对别人的观念和理由保持开放,但在讨论中要确保你真诚思考的是道理上最令人信服的道德立场,无论是你的还是他们的。你们在道德理论或原则上能达成一个反思性平衡的共识吗?记住,对教例进行思考的要点不仅在于找到一个解决问题的可行办法,更在于这一解决办法的伦理性,以及你作为一个道德人得到不断发展。如果达成了共识,那么,这是屋子里的人碰巧情况相似,还是有理由相信其他人也会同意呢?你能想出一个有说服力的反对意见吗?你能想象一个与你截然不同的人可能作何反应吗?如果没有达成共识,你能找出争论的要点吗？它们总是会有冲突吗？它们会导向哪些不同的道德理论呢？

在探讨中，对于这些教例你能提出和思考的问题是没有止境的，但我们希望你对教学伦理更加敏感。对于你或者你的班级来说，完全按照客观而理性的要求，就本章所有的教例都进行检验和讨论或许是不可能的。为了帮助你选择感兴趣的教例，给你一个对每一个教例讲什么的概览，我们在本节末尾的表1中提供了一份简明的概要。我们在表中列出了每个教例的标题、所讨论的主题、所出现的页码以及所争论的核心道德概念或原则。我们希望本章的教例对于作为教育者和道德实践者的你来说，能够挑战你的思维，发展你的伦理敏感性。

你可能会发现，让别人来扮演教例中所描述的不同角色，会使教例变得更加真实。当然，你可能希望根据个人经历自己撰写并分享你的教例，这些往往是最为真实的。

如果你的确决定一试身手，撰写自己的教例，如下建议或有裨益：

1. 如果你要写你熟悉的事情，最好而又最容易写的是你在自己专业经历中遇到过的争端。亲身经历、观察和分析，才可能写出真实而有意义的教例。
2. 试着呈现教学中遇到过的某个难题，透过教例关涉暗藏的伦理争端。教例必须有一个争端，你作为撰写者必须有目的。教例的目的和它的教育目标，为撰写者讲故事提供方向和指南。
3. 难题必须难，必须是一种需要决断和辩护的模棱两可的情境。问题不必过于具有引导性，不必过于死板，不必过于详尽，但必须给读者留有自主活动的余地及解释的自由。提一提教例所包含的更为一般的争端，有时会大有助益。

4. 实际撰写教例时,需要设置背景。第一段通常描述故事发生的场景,接下来的段落才介绍故事主人公以及他们的行动和观点。他们的观点通常是不相容的,但重要的是你要使读者对每个人物的观点都有同情共鸣。你应该随着事件发展的进程,在冲突或决断时,才把难题显现出来。要确保为那些相互冲突的观点作出相互竞争的辩护。最后,用读者可能会想到的相关问题或备择的行动路向作为结尾。

表1 教例与争论概要

页码	标题	主题
179	"教师倦怠" 一位醉醺醺的同事	忠诚,对教育的义务,举报,公平
182	"谁的权利:学生的还是家长的?" 堕胎	生命,家长权利,学生福祉,隐私,成熟
184	"你付出多少就得到多少" 削减经费,教师在家中开设先修课	学生福祉,对同事及教师组织的义务
185	"宣誓效忠" 坦白交待的违规者,大麻	信赖,隐私,执行校规的责任
187	"师欤友欤?" 学生应邀参加教师的家庭聚会	职业领地和私人领地
189	"专业操守:两则教例" a. 学生向教师征求对校长和学校政策的评价 b. 教师重新考虑小队教学协议	专业关系,监督,协议,正当程序
192	"上大学还是做劳工?" 学生分在职业轨道,家长希望孩子准备上大学	家长和学生的权利,专业判断和专业后果
194	"价值澄清" 受到家长怀疑的个人价值观课程	教师自治,家长的权利,价值观教学

(续表)

页码	标题	主题
197	"是虐待？还是疏忽？抑或不足为虑？" 教师怀疑儿童受到虐待	虐待儿童,疏忽儿童,体罚,家长权利
199	"是友好扶持还是性骚扰？" 教师和上司的关系	性骚扰,正常人际关系
200	"评分政策" 三个老师三种不同的评分方式	公平,专业自主权

5. 重新审读你的教例,仿佛你是别的某个人头一回看它。争端和事实是不是清楚明白？你感觉你实现了你初始的教学目标吗？如有必要,请加以修改。

教师倦怠

迈克尔·贝克最近在伍德罗·威尔逊高级中学任职,担任历史教员。他在大学时是个好学生,做实习教师时也干得很出色,但他怀疑自己还没有做好当老师的准备。他并不是个有经验的教师,教学手册上也不能详尽描述真实的课堂生活。他希望有个人可以跟自己谈谈中学教师日常难题和工作。他需要一个导师。

他发现弗兰克·汤普逊正是这样一位良师益友。汤普森先生在伍德罗·威尔逊高中教了12年历史,被认为是个优秀教师。他广受学生喜爱,他的课生动活泼,他的学生在全州考试中历史学科的得分胜人一筹。

弗兰克·汤普森乐意与人分享他做教师的经验。下班之后,他一边喝着啤酒,一边给迈克讲一些学校生活中的故事。不久,迈克尔逐渐了解了一些学校同事的癖好和趣事,甚至包括一些有关学生的传闻。弗兰克的信息和支持,使得迈克尔在工作中感到舒服一些。迈克尔并不在乎和弗兰克喝一样多的酒,但是,为了和弗兰克愉快地相处,学到一些教学技巧,偶尔一醉也是值得的。

有的时候,弗兰克下班之后会过度饮酒,第二天早上看他的眼睛就可以知道。迈克尔有空的时候偶尔会替弗兰克上课,让他在教师休息室里喝咖啡醒酒。他并不介意帮朋友一把,并且觉得接触一下弗兰克的班级对自己来说会是一种很好的经历。这些学生在历史考试中经常取得好成绩,迈克尔想知道其中的缘由。弗兰克告诉他,他很少用计划好的讲义,他让迈克尔冒险试试,凭直觉去上课,那样会对他有好处。学生们学习努力,应当让他们呼吸一点新鲜空气。

迈克尔发现,相信自己的直觉并不能保证成功。为了了解这个班的知识状况,他用当代美国史的几个问题考了考他们。可是,这个班的大多数学生回答不出,并且,在他引导下得出来的少得可怜的几种回答往往都是错误的,或者是不相干的。最后,他发火了,问这个班的学生,平常他们是怎么上汤普逊先生的课的。学生们告诉他,班上大多数时间都用在谈论时事、电视和运动上了。贝克先生问,那样的话他们是怎么准备测验和全州考试的。学生告诉他,汤普逊先生总是给他们一系列准备测试的题目。这些题目或者它们的变式往往就是考题,做了准备的学生就会得高分。汤普逊答应全州考试也会这样做,事实上他已经开始用同样的方式做准备了。

迈克尔对学生告诉他的这一切感到十分困惑。这些学生好像并没有学到很多关于历史的东西,但是,有人以一种可以使他们得高分的方式,带领他们通过了一系列的测试。现在,有人正在训练他们迎接全州考试。这样做看上去似乎不太对劲,迈克尔决定去问问汤普逊究竟怎么回事。

弗兰克醒酒了,但还很急躁。他回答得很直率。他说,迈克尔的困惑根本就不是问题。不久以前,他明白了自己的工作并不会对学生的生活产生很大的影响,同样,也没有使他感到多么快乐。即使是小丑站在教室前面,结果也都是一样的。聪明的学生学得好,沉默迟钝的学生成绩差。他再怎么努力,结果都不会有多大的改变。于是,他决定使整个过程变得尽可能没有痛苦。弗兰克努力使自己的上课时间快快乐乐,并且希望不影响他的夜生活。他给学生提供许多有趣的话题,但在历史学科上的指导却很粗浅。如果他们在测试之前能够回答一系列问题,他就心满意足了,学生也心满意足了,没人会变得更加聪明。就全州考试来说,他有一大堆旧考题,用以帮助学生做准备,以考取好成绩。如果需要的话,向各方打几通电话,他就可以知道最近的考试趋向。如果学生在他的帮助之下取得了好成绩,他就会感到满足——自己把工作做好了,因为分数是使他和学校看起来光鲜的底线。这就是他所做的,而且他会照这种程序继续做下去,直到有朝一日他可以领取养老金而不再教书。他告诉迈克尔,这不关他的事。

迈克尔觉得这就是他的事,但不知道该拿他的朋友怎么办。弗兰克身体状况很糟,他饮酒过度,玩忽职守,学生们没有得到充分的关照。迈克尔感觉该对谁说说这事。

若干问题

1. 友谊和专业关系除了建立在相互尊重的基础上,还建立在互相信任、互相忠诚的基础上。本教例中,迈克尔信奉这些原则到了崩溃的边缘。你认为他有充足的理由对弗兰克"吹口哨",将正在发生的事情告诉相关上司。

2. 弗兰克做错什么了吗?他并没有在学校里喝酒,也没有醉醺醺地来到学校。他为考试而教,可许多教师都在这么做呀。况且,全州实施标准化测验是为了确保对不同学校和学区的评价的公平性。有人会争辩说弗兰克在做对的事情。弗兰克的学生正在受教育吗?

3. 利益最大化及尊重人的原则可以怎样应用于本教例呢?

谁的权利：学生的还是家长的？

丽蒂亚·辛普森在一所郊区高中教授体育和卫生教育课。她几年前从大学毕业，在学校时，她活跃于院校间的体育运动和各种女权主义团体。她很年轻，对那些青春期的烦恼还记忆犹新。但她又很成熟，能够谈论那些标志着我们成长为成年人的决定。作为一名教师，她力图让学生们拥有自我价值感，了解身为妇女在现代世界中所拥有的各种机会。作为一名导师，她用富有同情的双耳去倾听学生们的难题和抱负。女孩们把她看成是值得仿效的楷模，友善地回应她的关心。相互尊重和相互喜爱的纽带，在丽蒂亚和许多学生之间潜滋暗长，并且超出了学校的界限，这对一个教师来说是莫大的快乐。

作为一名卫生教育工作者和女权主义者，丽蒂亚决心让自己负责的学生了解自己的生育权利与责任，因为她知道她们将在性行为上面临种种困难而复杂的决定。在丽蒂亚的课堂上，性教育不但是一个生物学和人体解剖学的问题，还是一个价值澄清问题。在对性生活事实细致讲解之外，学生们还讨论了许多成人的性实践，以及大量与这些活动相关的伦理观点。丽蒂亚强调，年轻男女有几个可以实行的选项：独身，各种不同的避孕形式，以及万一不幸的话，堕胎。丽蒂亚努力让学生明白，因为正在讨论的是她们身体和她们的未来，她们有权利做出这些决定。为了不侵犯学生的权利或违背作为一名教师应尽的义务，丽蒂亚小心谨慎地给出了一个四平八稳的陈述，看上去没有偏向任何一种观点。她希望她的教学和辅导能给学生带来帮助，希望她的学生在这个敏感的生活领域一帆风顺。

事情并不总是一帆风顺。丽蒂亚有个很喜欢的三年级女生名叫凯伦，有一天来找她，情绪十分低落。凯伦怀孕了，至少她以为自己怀孕了，因为她不敢对自己的家庭医生说。她的父母是虔诚的教徒，对她十分严厉，所以她更不敢对自己的父母讲这事。由于这个原因，她迟迟没有和他们探讨避孕问题，她在没有指导的情况下进行性尝试，导致了不幸的结果。她需要丽蒂亚的帮助。凯伦问丽蒂亚，能不能带她去诊所，并在必要时指导她堕胎？

丽蒂亚很震惊，她不知道接下来适当的行动路向。好几种相互矛盾的原则和情感在这个女孩的问题中看起来有冲突。作为一个思想独立的人，作为一个女权主义者，丽蒂亚觉得任何一个像凯伦这样年轻的女性，都不应该因为一个错误而牺牲她现在和将来的幸福。堕胎似乎是最可行的选项。可是，作为一名教育工作者，丽蒂亚在这种敏感的情形下似乎没有权利插嘴表达她的意见，也无权主动给予支持。有些人，特别是凯伦的父母，会把这看成是参与谋杀。丽蒂亚认识到，尽管凯伦对自己的未来和生育自由拥有一些权利，但她的父母也有养育女儿并为女儿提供道德指导的权利和义务。凯伦的隐私权和行动自由权，比父母权威以及父母对未成年人行为的知情权更重要吗？丽蒂亚希望有一种她可以推荐的行动路向或建议，既平衡这些相互竞争的绝对命令，又解决这个两难问题。

若干问题

1. 尊重人是一条极其根本的伦理原则。通常，在有关堕胎的争论中，正反双方的立场都建立在对胎儿什么时候是人或者胎儿是不是人的断定的基础之上。本教例中，凯伦和她的父母也是作为人受到尊重的人选。你能为凯伦的权利和她的父母的权利分别组织一场论证吗？在这个教例中哪种权利优先？为什么？

2. 在做出决定带凯伦去诊所之前，丽蒂亚必须权衡诸多义务及可能的后果。请尽可能多地将它们罗列出来。本教例中哪一项最重要，为什么？如果你是丽蒂亚，你会怎么办？

你付出多少就得到多少

1980 年，像当年波士顿倾茶党的先辈们那样，马萨诸塞州的居民们又一次起来反对可能使他们不堪重负的税案。这次他们不再把茶叶或别的什么倒进波斯顿港，而是市民们通过投票出台了一项被称作"2½提案"的措施。这项提案限制本州城镇评估财产税的权力。结果，政府税收减少，导致各种市政服务的紧缩——警察和消防部门被缩减了，垃圾清理工作也被削掉了。受到特别沉重打击的是公立学校系统，丰富性课程以及其他特殊课程、课外活动以及体育运动都被严重缩减，甚至完全被砍掉了。

马绪布里高中是一所郊区学校，大约有 1200 名学生。这所学校一直被认为是本州最好的公立高中之一。每年有相当比例的毕业生能上大学，许多学生能够进入常春藤联盟或类似的优秀院校。但是，随着"2½提案"的出台以及随之而来的后果，这所学校不得不裁撤教师，删减课程。大学先修课程和丰富性课程，以及特殊教育和体育运动，全都遭到削减。那些有幸保住工作的教师们以"不违规怠工"去回应对他们同事的处理。纳税人付了多少就得到多少，一点也不多得。

杰罗德·洛斯是历史部主任。近二十年来他在学校一直是深受爱戴和尊敬的教师。他对学生们十分关心，尤其是对那些聪明的学生。他的许多学生在上大学时及毕业以后都和他保持联系。尽管如此，在他多年来教过的所有聪明学生当中，今年在历史先修课上的十一年级的学生却是最优秀的。他们十年级的时候，洛斯曾给这些学生上过课。他很希望在这些学生上十二年级的时候还能继续由他来教。但在"2½提案"的压力下，学校下一年将取消历史先修班。这些学生将在注册人数超过 40 人的标准班上学习美国历史。

洛斯先生对这种境况很不满意。他认为纳税人这项举措很愚蠢，他和同事们都瞧不起这些人。同事们觉得孩子们就该为他们父母们做错事情而受罪,他却不这么认为。洛斯先生决定利用自己的时间在自己家里给原来班上的学生教授先修课程。学生们热烈响应,其他教师却不以为然。他们觉得,洛斯先生的决定显示出对那些失去工作的教师无情漠视。他们对洛斯施压,要他放弃这项擅自行动的计划。结果,洛斯先生一时陷入迷惘之中。他是在给鼠目寸光的纳税人以可乘之机么?他该把最大的忠诚献给谁呢——学生还是同事?

若干问题

1. 洛斯先生对学生有义务,对同事也有义务,他左右为难。可以组织以尊重人和利益最大化为基础的论证,支持任意一边。教例中有别的因素赋予一个群体(学生或同事)比另一个群体更重的分量么?

2. 模拟一场会议,其中洛斯先生、一名先修班学生、一位失业教师、一个支持"$2\frac{1}{2}$提案"的市民、一个先修班学生家长、一个非先修班学生家长、一名教师代表,分别在学校董事会前作论证。什么原则会有争议?校董会应该让洛斯先生在家授课吗?他们有权对洛斯先生业余时间可以干什么说三道四么?教师有权要求限制洛斯先生的目以继续他们"不违规怠工"的姿态么?

3. 这是一个民主在起作用的教例吗?那在公立学校背景下意味着什么呢?权威在哪里?改革怎能通过民主方式发动?

宣誓效忠

莫宁赛德学园是一所男女同学的全日制学校,有500名七到十二年级的学生。学园创办于1904年,部分初衷在于帮助"学生自己做决定,为自己的选择承担责任,并且敏感地回应他人的需要"。近年来,在校长罗伯特·詹宁斯主持之下,这所学校体现出坚定不移的保守教育哲学。

一个反映这种哲学的学生生活领域,涉及学生使用毒品和酒精。作为校长,詹宁斯先生毫不含糊地反对使用这些东西,并且对全体教职员工和学生明确表达了这个立场。不用说,违反这条重要校规,会导致立即开除出学园。例如,最近几个受欢迎的十二年级学生就被驱逐出莫宁赛德。在毕业前一个星期,一个守夜者发现他们在春季运动会宴会之后躲在寄物室里偷偷喝酒。第二天,在导师出席的小组会议中,学生们才想起学园这项政策。

学生、家长和学校管理层认为,导师制通过友好而给力的互动与对话有助于学园目标的实现。吉妮是一名八年级学生,她和导师史蒂姆森先生约好了本周第三次会面,前两次约见都泡汤了。会谈中,她显然渴望谈论某种事情,却显得紧张兮兮,不着边际。就在这个让人摸不着头脑的会谈行将结束之际,吉妮终于坦白近几个星期她曾两次和另外一个同学溜到教学大楼后面吸食大麻。在追问下,她承认那是"好玩",但她害怕自己再犯。很显然,她担心被逮住并且承受后果,她很清楚其中包括被莫宁赛德开除。下一节课要迟到了,吉妮一边冲出史蒂姆森的办公室,一边央求史蒂姆森帮助她。除了轻微地触犯校规在自修室嚼过口香糖之外,吉妮以平均等第为甲登上最高荣誉榜。她是詹宁斯校长最小的女儿。

这是史蒂姆森先生在莫宁赛德学园从事教学和训练的第二年。他发现自己陷入困境之中,不知道怎样回应自己指导的这个学生的坦白。史蒂姆森先生要是向学校行政部门汇报这个情况,就会斩断那条让吉妮先来私下讨论她的处境的信任纽带。一旦学校当局介入,吉妮就极有可能因为所坦白的不端行为被莫宁赛德学园开除。

可是,史蒂姆森先生的两年试用期将在这个学年末结束,他将面临一场续订合同的行政考核。他担心,如果吉妮被抓到在校园吸大麻,校方又发现他知情不报,他的职业操守就会受到严重质疑,他的合同也就岌岌可危。吉妮是詹宁斯校长的女儿,这只会使这个两难问题更加复杂。

若干问题

1. 这是一个涉及混合义务的教例。一种是对承担了保密关系的学生的义务,另一种是负责遵守校规的义务。这里应该优先考虑哪一种义务呢?为什么?

2. 本教例还有一个有关自利和审慎的重要维度。在考虑他人的福祉之余还考虑自己的福祉显然没有错。如果你是史蒂姆森先生,在这种情况下你会怎样努力保护自己呢?你能合乎伦理地保护自己吗?你会以什么依据为你的行动辩护呢?

师软友软?

布罗克城是上纽约州一个以生产模具知名的小型工业园区。生活在布罗克城的家庭已经是这里的第二和第三代美国人了,他们为自己所取得的成就以及在这座城市里开创的生活方式而倍感自豪。市民自豪的一个重要来源就是布罗克市立高中,这所学校因为拥有一支全国最棒的学校橄榄球队而赢得了声誉。参加校队的学生们赢得了与球队战绩伴随的爱戴和名声。他们在这个镇子的社会生活中享有特殊地位,因为无论是他们的同辈,还是年长的球迷,许多人都非常尊敬他们。

荣恩·纳尔逊27岁,是一位年轻英俊的小伙子,他大学毕业那年就被聘为橄榄球队的教练。纳尔逊是布罗克市立高中的校友,他在整个高中生涯中都是球队的全明星中卫。在担任教练期间,他发扬了学校的优良传统。纳尔逊先生是一个非常热情的教练,和许多学生关系融洽。学生们遇到什么问题——从学习到交友——总喜欢向他咨询。他还帮助十一、十二年级的球员们选择大学和运动项目。布罗克市立高中许多球员都在知名大学里获得了奖学金。

在过去的一年里,一群挑选出来的球员(人称"圈内人")跟纳尔逊先生关系非常密切。他们经常在周六和一些平日晚间待在纳尔逊先生家里,一起收看电视上的橄榄球赛,或者仅仅是厮混在一起联谊。得到纳尔逊教练的聚会邀请,给了学生在学校里某种额外一点的地位。

对于纳尔逊先生和这些学生的关系得体不得体,学校行政以及一些教职员工中间有过一些议论。传言显示,学生在他家里发生过喝啤酒和聚众喧闹的事。没人接洽纳尔逊先生,他也不理会这些传言。

纳尔逊先生计划在12月初的一个周末举办另一场聚会,以庆祝又一个成功的赛季结束。那是他和一些老队友的一次欢聚,他们当中很多人现在已经被大学球队重新招募或者成为教练。他邀请了校队中比较优秀的选手,他们都迫不及待地要来参加这场聚会。这场聚会会很有趣,他们会结识一些人,这些人可以拓展他们的橄榄球生涯。

这场聚会的消息在学校里引起了一些争议。一些教员找到校长,说纳尔逊先生邀请这些学生参加这类聚会是不合专业规范的。聚会中会有酒水供应,而球员们还不到饮酒的年龄。聚会失控也不是不可能的。这些教员要求校长训斥纳尔逊先生,让他收回对学生们的邀请。另一些人则觉得聚会的主意并无害处,还可能让一些球员进行有益的沟通。此外,教练和他的队员们在校外所做的事也与其他人无关。

若干问题

1. 教师的私人行为始于何处,他们公开负责的专业领域又终于何处?

2. 如里纳尔逊先生是作为州立大学橄榄球队教练的球探开展工作的话，这会使本教例发生重大变更吗？为什么会或者不会？

3. 你能想起我们通常当成私人事务或个人事务而教师却可能要对校长或学校董事会负责的事情吗？凭什么提出这样的要求呢？

专业操守：两则教例

詹妮特·维勒在一所专科院校里教过几年历史。她厌倦了讲课，渴望有所改变，决定到另一级教育系统中工作。公立学校不再招聘，所以，她在薪金严重缩水的情况下，接受了一所小型而保守的教会学校的一个职位，尽管她既不保守，也不信教。她承担了四个新生班的历史课和十一年级一个英语补习班，一共有 143 名学生。

詹妮特发现，在高中执教既有挑战性，又令人兴奋。她喜欢和学生们在一起，甚至很享受午餐时巡视餐厅的感觉，因为这为她提供了观察学生互动的机会。由于以前已经习惯了和成年人及高中毕业生相处，她给现在的学生以同样的尊敬和真诚的照顾。在短时间里她就和班上的学生建立了一种轻松自如的关系，在学生们心目中成了一位和蔼可亲的成年人。詹妮特养成了早早上班的习惯，这样学生们就有机会和她聊天，或者严肃地交流问题。通常都是有人在等她，有时还不是她自己的学生，有时甚至是她的同事。

她虽然热爱自己的工作，并且为此得到了很多回报，却发现很难跟学校管理部门相处。詹妮特的教育哲学注重发现，向学生开放整个世界。她努力营造与之相适应的宽松环境。学校则强调对规则及可接受行为的严格规范的遵守。她与校长及考勤秘书的关系不好，她觉得他们俩从来不肯亲近孩子们。詹妮特留意到这两个人貌似都不喜欢人或相信人,他们只是令人不快地操控他们手下的人。他们俩都对詹妮特表示,他们感到她和学生的关系不专业,因为她没有保持适当的距离。

詹妮特认为,管理者的观点除了对自己,还对其他教职员工及全体学生,产生了负面影响。谁也没有被赋予一点自由或责任。

每个教室都有一个双向扬声器,校长和考勤秘书有时会通过它来听课。在学校的第三天,詹妮特就曾受到严厉批评,说她听任自己的课堂过于吵闹。她为此事向隔壁班道歉时,发现抱怨并不来自他们,而来自那个考勤秘书,他一直在广播系统上偷听。

在教职员工会议上,詹妮特指出学生们需要一个休息室,还建议开设一门学生能够相互辅导的互助课程。人家却告诉她不能让学生们放任自流,学生是不值得信任的。

在这所学校的一年里,詹妮特经常面临管理目标和哲学的直接对立。那段时间压力山大,她不得不做出许多艰难的决定并为之辩护。两个事例可以说明詹妮特的难处。

事例一

詹妮特和她的英语补习班学生之间的关系确实非常特殊。他们因为个个对学校毫不在乎而被分进补习班。从第一天起,詹妮特就将帮助他们树立自信心和发展他们对学习的积极态度作为最重要的优先工作。她坚信,他们只有在想学习的时候才会去学习,并且只有在他们对自己感觉良好的时候学习才会发生。詹妮特所营造的氛围使讨论又坦率又有挑战性。阅读《瓶中美人》《献给阿尔吉侬的花束》和《猪人》这类书籍为讨论提供了充足的"燃料",这个班一年中有相当一部分时间都花在读诗和写诗上。学生的思想深度和表达水平都有长足进步,詹妮特为此感到欣喜和自豪。

圣诞节假期之后的几个星期,班级中掀起了一场关于规则及其必要性的讨论。在詹妮特能够做出反应之前,讨论已经走向对学校政策的强烈抗议,包括对校长和考勤秘书的个人批评。讨论变成了大声喊叫,变得情绪化,学生们宣泄着三年来的受挫感和愤怒。情绪变得如此高涨,詹妮特只能坐等风暴平息。接下来,她面临着一系列非常困难的问题,其中第一个便是由她的学生提出的:"维勒女士,"学生带着明显的信任和尊重的神情问道,"您的观点是什么?"

若干问题

1. 教师经常会发觉自己并不完全赞同学校的政策,或者十分感佩某位校长的领导技艺。与学生分享这些观点会是错误的吗?如果你是詹妮特,你会对教例中的学生说什么?你会怎么为你的决断辩护呢?

2. 这是一个有关监视或监管的教例吗?你能从对立双方的立场出发,组织支持方和反对方用双向扬声器监控班级的论证吗?哪种论证最有分量?为什么?

事例二

詹妮特教历史,与巴里先生教的新生英语班隔着一条走廊。约翰·巴里因为长着浓密的胡须被人亲昵地称做大胡子巴里,他是一个脾气火爆、魅力四射、风趣且颇受欢迎的教师。男孩子觉得他了不起,许多女孩子则偷偷地喜欢他。尽管事实上他被认为是学校最粗暴的教师之一,学生们还是这么喜欢他。据说新生在巴里的测验前两个周就非常害怕,他还是学校中给学生不及格比例最高的教师之一。他和詹妮特都非常喜爱孩子们,他们共进午餐,他们都有不同寻常的幽默感。詹妮特观摩过他的教学并向他学习。她很喜欢也很尊敬巴里先生。他们计划在学期最后一个月进行实验,成立小队进行教学,把两门学科综合在一起,把他们的班级混合在一起。

当詹尼特听到几件贬损巴里先生的事情时,她深感震惊。历史课上成绩最优秀的学生全都跑来向她告状,并告诉她一件事,以证明巴里有麻木不仁、处事不公、脾气暴躁和种族偏见等过错。詹妮特发现这些谴责难以让人信服,可学生们坚定不移,有个学生几乎都要哭了。他们声称巴里将一本书砸向一个学生。他们都看到了。另一个学生说巴里先生骂他"中国佬"。全班同学都感到焦虑和沮丧。詹妮特意识到他们的感情是真实的,也意识到他们感到受到了巴里的迫害。她发现这令人难以置信,但是她必须处理这件事。她尊敬作为教师的巴里先生,也喜爱作为一个人的他。她已经答应跟他合作。他的班级显然没有得到管理部门的监督。她能做什么呢?

一些问题

1. 詹妮特有权利违背她与巴里先生进行小队教学的约定吗?本教例中这么做的正当理由会是什么呢?

2. 教例有正当程序的争端么?学生提供的证据即使是真实的,能证明巴里先生在课堂上有种族偏见的表现吗?

上大学还是做劳工?

钢城是东北部一座历史悠久的工业市镇,中心高中则是市镇中唯一的一所中学。钢城曾经有过辉煌,它现在也正面临着困扰老城镇的许多问题。面对不断变化的经济、人口和职业志向,中心高中一如既往地为市民提供服务。

有关钢城人口的两个事实对于这所学校在小镇生活中的地位的任何分析都是重要的。钢城有些居民是爱尔兰和波兰工人,他们世代在工厂和商店里工作,对子女寄予厚望。他们希望子女上大学,脱离工厂的生活,过上更好的日子。近年来,他们越来越热衷于中心高中的学业咨询和大学预备课程,就反映了他们这方面的愿望。

另一群人也对这个镇和学校产生了极大的影响。在过去的 20 年里,大量拉丁美洲人拥入钢城。他们的到来,影响到城镇的文化生活和学校的教育使命。中心高中加强语言教学,开设文化历史课程,力图减缓对这个群体的同化过程。可在这个巨大的熔炉里,有些事情还真是老样子。西班牙裔学生现在占据着职业教育的课堂,而从前这类课堂却挤满了第一代爱尔兰裔和波兰裔年轻人。

中心高中校长诺曼·安德森对这种状态感到满意。他觉得学校为学生提供了一种充分的有时还挺出色的教育,以恰当的方式在为这座城镇服务。课程得以平衡,靠的是允许每个学生追求个人的需要和兴趣,学校的指导部门在选拔过程也发挥了积极的作用。毕业生上大学的人数在不断攀升,成了安德森先生引以自傲的资本。

出于这样的看法,安德森先生难以理解维吉尼亚·克鲁兹夫人的抱怨也就不足为奇了。克鲁兹夫人是学校一名十年级学生的母亲。在克鲁兹夫人看来,她的儿子丹尼斯受到了他的指导顾问不公平对待。丹尼斯·克鲁兹打算在高中毕业后继续接受教育,他希望登记选修大学预备课程。可是,他的导师肯尼迪夫人认为他学不好这些课程,反而建议他登记选修职业教育课程。在克鲁兹夫人看来,这位导师无权让丹尼斯在这个岁数就早早地放弃自己的梦想,而别的许多学生却得到了公平的机会。事实上,她觉得这就是肯尼迪夫人存在偏见的一个例子。克鲁兹夫人留意到,在中心高中学习职业教育课程的西班牙学生数量不合比例,他们多半得到建议在毕业后去申请做学徒或者参军,而不是申请上大学。克鲁兹夫人认为这些做法应该停止,因为他们暗中就是种族主义者,正在让她的儿子气馁。她的儿子应该同其他学生一样,受到相同类型的教育和鼓励。她会用更加坚定方式追究这件事,除非她儿子的心愿得到承认。

为了讨论这个问题,安德森先生请指导部门的负责人凯瑟琳·肯尼迪女士来做会谈。她向他汇报说,她的决定根本就不是一个有偏见的事体。相反,她的建议是对学生学术和职业成功机会进行实事求是的客观评价的结果。

丹尼斯·克鲁兹并不是尖子生,他的等第成绩和考试分数都支持这个结论。就像许多西班牙裔学生那样,他并不具备使他能在大学里学得好的语言技能和文化背景。在肯尼迪女士看来,作为一个教育者去说或去做别的事情就是玩忽职守。更何况,高等教育的经济负担太重,家长承担不起。推荐任何其他行动路向,听任丹尼斯·克鲁兹不为将来不得不面对的平凡世界做准备,这是不公平的。此外,现在体制已然是其他移民群体的成功之路,它大概是此时此刻追求的最佳政策。

若干问题

1. 在这个教例中,双方对公平的感知和概念是相互冲突的。显然,校方和家长对当下情境的理解截然不同。这是一个有关偏见的实例,还是对异质社会中事物运行方式一种实事求是的看法?

2. 机会均等这条原则的应用,应该扩展到包括向所有的人开放获得训练和高等教育的通道?克鲁兹女士和肯尼迪女士可以怎样向对方论证各自的立场呢?

3. 学校应该担当社会分类机制吗?

价值澄清

汤姆·亨德森在肯顿中心高中任教。肯顿是一个小型的远郊社区,距离一个大都会中心 35 英里远。肯顿长期未受现代生活步调和变化的影响，现如今正处在从沉睡的乡镇向有着新兴高科技经济的精致卫星城转变之中。这里的景象呈现出农场与实验室的违和融合，居民们从事各行各业，从乳牛养殖业广及计算机编程。

在阅读了一系列价值澄清书籍之后，汤姆决定编制和教授一个有关该主题的单元。这个主题颇受学生好评，他每次呈现这个单元都发现学生比较乐于接受这个主题。他们的讨论越来越热诚，涉及面也越来越广。最后，汤姆设计并提供了一门名叫"做决定"的完整课程，他希望这门课程能够帮助年轻人理清自己的信念以及自主的生活方式。这门课程包括角色扮演、敏感性会心、问卷调查以及从这个主题有关文献中选取出来的其他策略。当地教育部门的课程委员会批准了这门课程。

"做决定"课程的核心理念是一个人通过做决定建立自己的价值观。我们必须尽可能摆脱权威、条件作用和社会压力，以自己的言行选择自己的价值观。只有通过这种方式，价值观才会真正成为我们自己的价值观。没有任何方式可以预先判断情境，也没有任何其他人能够真正告诉我们对错。汤姆采用诸如救生艇伦理和食物匮乏等主题有关的真实训练来贯彻他的观点。他不大在乎学生们提出早有准备的答案，他在乎的是学生们沉浸在检验和伸展他们信念的问题情境中。

有些家长对孩子们从学校带回家的这些在晚餐桌上交谈的新话题感到震惊，有些家长对这门课程的导向感到恼怒。在他们看来，这些训练所起的作用是在混淆和破坏价值观，而不是在澄清价值观。他们宣称这门课程恰恰与健全的道德指导背道而驰。例如，一个家长抱怨她的女儿曾经告诉她，偷窃在一定条件下是可以得到辩护的。因此，这个家长说，要是她的孩子因为觉得偷窃可以用情境去辩护，就"自由选择"偷窃的话，那么谁会和她坐在少年法庭上呢，学校吗？到头来，谁来为孩子成长中所习得的价值观负责呢？学校在这些事务上的政策要由谁的愿望来决定呢?

另一个批评是,一连串没完没了的游戏和问卷,往往将微不足道的事情和意义深远的事情放在同一水平上。例如,一项调查询问了诸如此类的问题:

你喜欢看电视吗?
你愿意上基督教堂还是犹太教堂?
你喜欢乡村还是城市?
你喜欢棒球吗?

棒球和信仰好像被假定在一个人的生活中有着同等程度的重要性;一个人好像不可能偏爱其中一个胜过另一个。这种做法好像没有作出太多的区分。如果把这些信念当作全都处在同一层次的主题去调查和角色扮演的话,家长们还怎么给孩子灌输他们所珍视的价值观呢?又将怎么在生活中强调一套信仰级系的重要性呢?肯顿过去是一个井然有序的城镇,人们知道什么是对的,也知道怎样行动,可是,奔向现时代的潮流把一切都冲毁了。老派的道德就这么糟糕以至于需要加以澄清吗?

在大量的抱怨和家长施压之后,指导主任汤姆·亨德森以及其他几位倡导这种新途径的教师,在亲师会一场争论激烈的会议上和家长们会面了。他们为自己所做的基本辩护是,他们认为自己并不是在灌输新价值观或是在破坏旧有的道德,而是在致力于教会学生自己去思考并且清晰地识别父辈、教堂及社会所确立的重要价值观。即使如此,家长仍旧反对这门课程。他们表示,探讨道德问题的合适场合是家庭而不是学校,这门课应该从课程中清除出去。

这个教例让那些有志于把伦理学、道德教育与学校联系起的人士陷入了左右为难的困境之中。许多人抱怨学校已经变得非道德或不道德了,学校应该更加关注价值观的灌输。可是,一旦有这样的努力,往往就有人会说学校支持错误的道德,或者说学校根本就不该介入这类活动之中。

若干问题

1. 学校应该进行道德教育吗?

2. 道德教育就是教授伦理规范,澄清价值,教人怎样对伦理决策进行客观推理,或是营造关怀和正义的环境吗?是其中一些,还是全部,抑或不止这些?它们之间有什么不同?

3. 你在自己的课堂上会怎样处理伦理教学?

是虐待?还是疏忽?抑或不足为虑?

下课之后,玛丽·苏来找布劳迪女士,神色有点慌张。她坦承也许不该对朋友这么做,但是她很担心她,她必须告诉某个人。貌似周末玛丽·苏和朋友基姆一起在外过夜时,基姆给她看了她前臂上的一些伤口,还告诉她说她再也不能忍受呆在家里了。这事跟她爸爸有关系,但是她不愿意说出是什么事。玛丽·苏担心基姆可能遭到猥亵或毒打,甚至可能自残,那可是自杀的前兆。

布劳迪女士向玛丽·苏保证,如果事情真像玛丽·苏说的那么糟糕,她会同基姆谈话,还会去找学校指导老师。第二天,布劳迪女士让基姆课后留下来。她问基姆在家里情况好不好,基姆说很好。基姆的父亲是当地一所小学的校长,布劳迪女士问她跟她父亲相处是否融洽,基姆红着脸说:当然融洽。可是,布劳迪女士要求看基姆的胳膊时,她拒绝了,说这是个人的隐私,跟她没有关系。布劳迪女士确实注意到基姆两个手腕内侧的邦迪创口贴,基姆却只说那是被有毒的常春藤划伤的。布劳迪女士问基姆：她是不是需要什么方式的帮助？基姆说"不需要"。

布劳迪女士有些吃不准。学校政策明确规定，哪怕仅有虐童的怀疑，也必须向学校指导老师及校长报告。布劳迪女士没有犹豫。两个人那里都去过了，告诉了他们整个事情的经过。校长得知基姆的父亲是一个同行校长，只是笑了笑。他不相信他会做出这种事情来。指导老师则表示她会跟基姆谈话。

一个星期过去了。基姆在班上看起来与人更加疏远，有一天她的面颊上还带着一块淤伤。布劳迪女士跑到指导老师那里，询问她与基姆谈话的进展情况。指导老师表示，从专业的观点看，没确凿的事情可向当局报告。她给家长打过电话，去了解他们家里发生了什么事情。她母亲什么也没说。她父亲说基姆只是心情有些抑郁，还说她会摆脱这种心情。

布劳迪女士回到办公室，发现玛丽·苏在那里。玛丽·苏正在哭。她说基姆终于把她父亲虐待她的事实告诉了她。基姆感到绝望。玛丽·苏担心她会对自己做什么事情。

若干问题

1. 如果你是布劳迪女士，你会怎么做？

2. 如果这证明不是一起虐待儿童的案件，那么它可能是一起疏忽儿童的案件吗？父母疏忽了基姆存在严重问题的明显迹象吗？疏忽与虐待有别吗？老师和学校有责任报告儿童遭受疏忽吗？向谁报告呢？

3. 在儿童可能遭受虐待或疏忽的微妙情况下，解决这一棘手问题需要考虑正当程序吗？严格遵守正当程序难道不会冷待孩子吗？

4. 家长确实有权殴打自己的孩子吗？家长应该有权殴打自己的孩子吗？

5. 教师确实有权限制学生的人身自由吗？教师应该有权限制学生的人身自由吗？

是友好扶持还是性骚扰？

又来了。她感觉很不舒服,可这也许全都是她自己心里的想法。玛丽亚·桑切斯处于她在博恩威勒高中的第三个试用年。她的终身教职决定正在审批中,而她所属部门的主席奥尔索普先生在学校政策要求保密的情况下,尽力使她获悉审批的进展状况。

玛丽亚是教社会研究的一名行事正派的好老师。她的学科内容背景在欧洲历史方面有点薄弱,但她已经努力去改善。她第一学年所教的两个班中有过些许纪律问题,但是那也已经改善了。她的双年度评估除了一项之外全都令人满意。她认为自己很有机会获得终身教职。

她需要奥尔索普先生的强力支持,不过也有问题。许多女教师议论过他的麻木不仁。他有时会在部门会议上讲黄色笑话,全然不顾有的女教师都脸红了。在公共场合,他以玩笑的姿势及同事关系的名义用胳膊搂男教师,也同样搂女教师,但是有时好像还掺杂一点抚弄的小动作。传言他同许多人睡过。一些妇女说他令她们起鸡皮疙瘩。但他是社会研究部一位优秀而卓有成效的主席,他的判断受到管理部门的尊重。

玛丽亚感到有点受他胁迫。这也许是她的想象。但是好像就从这一年开始,奥尔索普先生在全体教员会议或本部会议上总是设法坐在她旁边;他的膝盖轻轻地触碰她的膝盖,有时他会以一种安慰的姿态轻拍她的手背;有时他只是眼馋地望着她,向她微笑。

三月份的时候,他们在他的办公室会面,讨论她的终身教职审批的进展情况。他明确表示有些事情他不得不保密,又表示他是那种吃过美餐喝过酒之后有时就会多嘴说出不该说的人。他想知道他们俩可不可以共进晚餐。他们可以讨论欧洲历史、教学和学校政策。当然不会涉及任何私事！也许她的终身教职审批除外。

他伸手握住她的手说："可以吗？今晚？"

若干问题

1. 你认为玛丽亚有理由感觉不自在吗？感觉不自在同受到性骚扰一样吗？
2. 在学校背景下，哪些事情才算性骚扰？
3. 你认为每所学校都应该有反性骚扰政策吗？如果应该有，那应该是什么样的政策，又该制定什么程序去执行政策？如果不应该有，为什么？

评分政策

大卫·莱文是亨利·哈德逊高中社会研究部主任，该高中是一所大型城市中学。鉴于学生的人数规模，某些课程每年都编排成几个班级，每个班由不同的教师执教。就当代美国历史这门课程来说，有三位老师任教。学生们按照简单的字母顺序轮换循环，分配到这些课程中。对于莱文先生来讲，这个简单的系统已经变成了一个复杂的问题。

一班由艾伯特·福利执教。福利先生是一位略有几分理想主义的年轻老师，他认为刺激学习经验构成教育的核心。在课堂上，他依托于对报纸和电视上的时事进行研究，鼓励学生去开创独立的研究项目。福利先生不大在乎对准确事实的掌握，他更关注美国现代史可能给学生带来的个人意义。他相信，在那个方向上才有良好公民的指望。他根据学生就自选话题撰写的论文，以及学生个人对课堂讨论及当前事件所作反应的日志，给学生评定等第分。在学生当中，他被公认为是"轻易甲等"福利。通常情况下,每年他的学生中有30%的人会得到甲等,另外30%得乙等,剩下的得丙等,在特殊情况下他偶尔会给丁等。福利先生说,如果学生能够找到去他教室的路,他就能通过这门课。在他看来,身为十几岁的青少年就够难的了,他不会让他们难上加难。他相信他的学生会因为他的这项政策在自我价值感上真正学有所得,并且有所成长。

"事实而且只有事实"或许是二班教师威廉姆·桑普森的座右铭,因为他相信学科内容全都重要。桑普森先生完全依赖教科书,他还给予极其细致的讲授。他要求学生知晓有关美国政府及最近历史事件的各种事实,他对种种没有由头的意见很少有耐心。在他看来,良好的公民必须依靠坚实的知识基础。他告诉学生,他们必须来来回回充分学习美国历史,否则就不会通过这门课程。为了保证这一点,学生必须参加严格的客观考试,以检测他们对于最准确的事实问题的知识。在最近的一个有40名学生的班级中,学生等级分呈如下分布:3个甲等,5个乙等,18个丙等,9个丁等,还有5个戊等。桑普森先生声称,他的测试是对学生知识的公平评估。学生称他为"杀手桑普森"。

南茜·赖特是三班的教师,她认为人生就是对有限资源的竞争,她的授课方式也反映了这一信念。在未来,她的学生将不得不为人生餐桌上的馅饼而努力打拼。同样地,在她的课堂上,学生们必须为成绩排名而相互竞争,因为赖特女士按照正态分布曲线图来打等第分。在她最近一个有40名学生的班群中,有5个甲等,10个乙等,15个丙等,7个丁等和3个戊等,这个成绩分布是她在教学经验中总结出来的满意分布。赖特女士同时采用论文和客观测验两种方式,以便给她的判断提供一些不偏不倚的依据。她相信这种按比例评分的方式避免了偏袒问题,又准确地反映出每个学生的表现,因为每个学生的表现都跟与班上他人的表现有比较。赖特女士的学生没有给她起绰号。

莱文先生作为部门主任,已经收到家长、学生及其他教师对这种情势的许多投诉。各位教师都因为公平问题而受到批评。按照这些批评的说法,任何一名学生的表现都用最终的等第来衡量,因而会依教师政策的不同而不同。学生们在当代美国历史这门课上的等第分,似乎取决于最初把他们分到相应班级的运气。这是一种随机选择的方式,我们力图避免不公,可它真的公平吗?

若干问题

1. 这个教例反映了一种常见的教育实践,即给予教师自由,去安排自己班级教学,去设计自己的评分体系。显然,这会在同一课程或同一年级水平的不同班级中制造对学生的不公平待遇。评分程序应该标准化吗?支持和反对标准化的某些论证会是什么呢?

2. 想象一下你依次是其中的各位教师——福利先生、桑普森先生以及赖特女士。你会怎么为自己的评分方式辩护呢?如果莱文先生告诉你,他认为你教授美国历史的方式以及你的评分体系都不公平,你会对他做出什么回应呢?

3. 教师以独立判断何为最佳的方式去设计和实施自己的课程,对这种自由应该有所限制么?可以依据什么对这种自由加以限制呢?又可以依据什么原则捍卫这种自由呢?

(黄向阳　宋萍萍　译)

进一步探究

1. Bricker, David. *Classroom as Civic Education*. New York: Teachers College Press, 1989.

   作者认为合作学习以及对共同体的更多关注对于自由社会目标的实现是必不可少的。

2. Brighouse, Harry. *School Choice and Social Justice*. New York: Oxford University Press, 2000.

   对于择校的规范探讨,强调自主和平等的核心地位。

3. Callan, Eamonn. *Creating Citizens: Political Education and Liberal Democracy*. New York: Oxford University Press, 1997.

   对政治理论和公民教育之间联系的精彩讨论。

4. Curren, Randall. *Aristotle on the Necessity of Public Education*. Oxford, England: Rowman and Littlefield, 2000.

   通过对亚里士多德的讨论来看公共教育的道德基础。

5. Curren, Randall, ed. *A Companion to the Philosophy of Education*. Oxford: Blackwell, 2003.

   这本优秀文集包含很多论述教育伦理问题的文章。

6. Fischer, Louis, David Schimmel, and Leslie R. Stellman. *Teachers and the Law*. 6 ed. Boston: Allyn and Bacon, 2003.

   一部讨论将法律应用于教学的不错的教科书。

7. Goodlad, John; Soder, Roger; and Sirotnik, Kenneth. *The Moral Dimensions of Teaching*. San Francisco: Jossey-Bass, 1990.

   一部强调道德在一种完整的教学观念中的重要性的文集。

8. Hansen, David T. *Exploring the Moral Heart of Teaching*. New York: Teachers College Press, 2001.

   一部丰富的历史和哲学报告把我们带到教学的道德核心。

9. Howe, Kenneth R. *Understanding Equal Educational Opportunity*. New York: Teachers College Press, 1997.

   对于机会均等的充分讨论。

10. Nash, Robert J. *"Real World" Ethics: Frameworks for Educators and Human Service Professionals*, 2nd ed. New York: Teachers College Press, 2002.

    描述了实践者可以解决日常情境中伦理问题的三种道德"语言"。

11. Peters, R. S. *Ethics and Education*. London: George Allen & Unwin, 1970.

    在教育情境中围绕若干伦理概念(诸如惩罚和平等)展开的一场经典的讨论。

12. Rawls, John. *A Theory of Justice*. Cambridge, MA: Harvard University Press, 1971.

    20世纪哲学领域最重要的一本著作。一种对于作为公平的正义的概念的经典论述。

13. Schulte, John M. and Cochrane, Donald B. *Ethics in School Counseling*. New York: Teachers College Press, 1995.

    讨论在咨询情境中出现的伦理议题。

14. Sockett, Hugh. *The Moral Base for Teacher Professionalism*. New York: Teachers College Press, 1993.

    讨论教学作为一门专业的道德基础。

15. Strike, Kenneth. *Educational Policy and the Just Society*. Urbana: University of Illinois Press, 1982.

    对自由、平等和理性等概念运用于一系列教育问题的讨论。

16. Strike, Kenneth A.; Anderson, Melissa; Curren, Randall; van Geel, Tyll; Pritchard, Ivor; and Robertson, Emily. *Ethical Standards of the American Educational Research Association: Cases and Commentary*. Washington, DC: American Educational Research Association, 2002.

    根据美国教育研究学会的伦理规范并采用个案研究方法对研究伦理的讨论。

17. Strike, Kenneth; Haller, Emil; and Soltis, Jonas. *The Ethics of School Administration*, 2nd Ed. New York: Teacher College Press, 1998.

    对学校行政中的伦理问题的讨论。这本书以《教学伦理》为模板。

18. Strike, Kenneth A., and Moss, Pamela A. *Ethics and College Student Life*. Boston: Allyn & Bacon, 2003.

    一部适用于大学生的书,使用案例对作弊、宽容以及性等话题进行了讨论。

19. Strike, Kenneth A. "The Ethics of Resource Allocation". In *Microlevel School Finance*, edited by David H. Monk and Julie Underwood, 143–180. Cambridge, Massachusetts: Ballinger Publishing Company, 1988.

    这篇文章讨论了有关教育资源分配中的伦理问题。

20. Strike, Kenneth A. "The Ethics of Educational Evaluation". In the *New Handbook of Teacher Evaluation: Assessing Elementary and Secondary School Teachers*. Edited by Jason Millman and Linda Darling-Hammond. Newbury Park, CA: Sage, 1990.

    对教师评价伦理的讨论。

21. Strike, Kenneth A. "Against 'Values'." *Educational Policy Analysis* 1, no. 13 (1993).

    这篇文章认为"价值观"这一术语是功能失调的,因为它模糊了伦理学中的一些重要区分,助长了过度的主观性。

22. Strike, Kenneth A. "Discourse Ethics and Restructuring." In *Philosophy of Education*, 1994, edited by Michael Katz, 1 - 14. Urbana, Illinois: Philosophy of Education Society, 1995.

    这篇文章讨论了学校管理话语伦理的内涵。

23. Strike, Kenneth A. "The Moral Responsibilities of Educators." In *Handbook of Research on Teacher Education*, 2nd Ed., edited by Thomas J. Buttery and Edith Guyton, 869 - 892. New York: Macmillan, 1996.

    讨论教师在培养公民方面的角色。

24. Strike, Kenneth A. *Ethical Leadership in Schools: Creating Community in an Environment of Accountability*. Thousand Oaks, CA: Corwin Press, 2006.

    这本书讨论了一系列领导伦理议题,尤其强调共同体和责任。

25. Tamir, Yael. "Education and the Politics of Identity." In *A Companion to the Philosophy of Education*, edited by Randall Curren, 501 - 508. Oxford: Blackwell, 2003.

    对教育中身份政治的讨论。

26. White, Patricia. *Civic Virtues and Public Schooling: Educating Citizens for a Democratic Society*. New York: Teachers College Press, 1996.

    一个多元的民主需要一定的美德和价值观来共同维护。怀特将学校的角色描述为培养希望、信心、勇气、自尊、自强、友谊、信任、诚实和正直等民主的美德。

27. Zubay, Bongsoon, and Jonas F. Soltis, eds. *Creating the Ethical School: A Book of Case Studies*. New York: Teachers College Press, 2005.

    一系列在学校中有关伦理的个案,学校可以得到辩护吗?

(宋萍萍 译)

图书在版编目(CIP)数据

教学伦理/(美)斯特赖克,(美)索尔蒂斯著;黄向阳译. ——
上海:华东师范大学出版社,2017
ISBN 978-7-5675-6538-8

Ⅰ.①教… Ⅱ.①斯…②索…③黄… Ⅲ.①教育学—伦
理学 Ⅳ.①G40-059.1

中国版本图书馆 CIP 数据核字(2017)第 182821 号

教学伦理(第五版)

著　　者	[美]肯尼斯·A·斯特赖克　乔纳斯·F·索尔蒂斯
译　　者	黄向阳　余秀兰　王丽佳
策划编辑	彭呈军
审读编辑	单敏月
责任校对	时东明
装帧设计	高　山
出版发行	华东师范大学出版社
社　　址	上海市中山北路 3663 号　邮编 200062
网　　址	www.ecnupress.com.cn
电　　话	021-60821666　行政传真 021-62572105
客服电话	021-62865537　门市(邮购)电话 021-62869887
地　　址	上海市中山北路 3663 号华东师范大学校内先锋路口
网　　店	http://hdsdcbs.tmall.com
印刷者	上海盛通时代印刷有限公司
开　　本	787×1092　16 开
印　　张	15
字　　数	198 千字
版　　次	2018 年 2 月第 1 版
印　　次	2018 年 2 月第 1 次
书　　号	ISBN 978-7-5675-6538-8/G·10400
定　　价	38.00 元
出版人	王　焰

(如发现本版图书有印订质量问题,请寄回本社客服中心调换或电话 021-62865537 联系)